要有一个远见，能超越你未见。

——许倬云

创杭州

造梦之城的26个造梦者

张向芳 · 著

浙江工商大学出版社
ZHEJIANG GONGSHANG UNIVERSITY PRESS
·杭州·

本书作者：张向芳
zxf_2046@163.com

· 造 ·

P001

捕风

壹

· 城 ·

贰

叁

· 梦 ·

创新者的春天

序言

在所有令人向往的城市里，杭州无疑是当代中国青年人的心仪之地。

除了美丽西湖的湖光山色、五千年良渚的实证文明之外，杭州闪耀着光芒的，还有这个城市里的温柔浪漫和人文情怀，以及坚定的梦想和雄心。

这片热土张开了双臂欢迎有梦想、有创新精神的人。梦想在这片热土生根、发芽，热望在这里变成硕果累累的现实。

城市大脑是杭州送给世界的礼物，杭州在全球范围首次实现"刷脸支付"。大数据、云计算、人工智能、物联网等新技术，让杭州成为世界上生活最便利的城市之一。

杭州是创新活力之城，杭州是诞生梦想、成就梦想的造梦之城。

每一天，都有年轻人怀揣着梦想来到这里。

每一年，都有梦想在这里开出绚烂之花。

2019年夏天的6月13日，全国大众创业万众创新活动周主会场活动在杭州梦想小镇拉开帷幕，李克强总理用"接天莲叶无穷碧，映日荷花别样红"的诗句，来盛赞杭州以及全国创业创新所呈现出的铺天盖地之势、多姿多彩之态和无限生机。

一周时间里，15场高规格的国家部委活动与310余场杭州特色活动轮番登场，170多个创业创新项目与杭州最前沿的近30项硬科技、黑科技同场展出。

通过双创周这个舞台和竞技场，杭州"双创"金名片被擦得更闪亮。

而更多时候，这个城市里拥有创新精神、与前沿技术走得最近、希望用创业创新项目让人类生活得更美好的人，正远离喧闹与嘈杂，低着头默默做事。

有必要写写背后的故事，写写创新路上的跋涉者所付出的艰辛和努力。

我始终是杭州创新创业的讴歌者和力推者。六年前的2014年，我就主编出版了《创业是杯什么茶》，记录了双创初期以杭州青年为主体的创业"新四军"的族群故事，成为全国第一本反映双创的历史图谱。我还多次叩问滨江乃至杭州，能否成为继南山（深圳）和北村（北京中关村）之后中国创业创新策源地。为此，还专门推介英文版的《天才地理位置》一书，借作者对宋朝杭州的历史描述为当代杭州的创新创业作注解。所以当周恺秉年前告诉我想写《创杭州》的书时，我说，在2020年这个历史节点，写这个书，总结过去，启迪未来，很有意义，一定给予支持。

过了两天，周恺秉把书稿发给我，并邀我写序。届时已是庚子鼠年春节长假，又遇到突如其来的新冠肺炎疫病的肆虐蔓延，浙江也难以幸免，虽身宅家中但心在汉，根本无心顾及书稿。在党中央的坚强领导下，全国的防控阻击战已经取得积极的成效，浙江，尤其是杭州的情势更好一点，有望率先突破重围，重显往日之繁华。心情也随之晴朗起来。昨晚周恺秉又重提此事，希望尽快成稿。这倒让我把书稿与现实的防控阻击战联系在一起。浙江全省，包括杭州市的疫情也很严峻，但党委、政府应对得当，措施有力有效，各方都给予点赞。其中很突出的一点，是充分运用大数据技术辅助决策、支撑社会管治，阿里巴巴、每日互动等数据科技公司发挥了独特的作用，"杭州健康码"就是重要的管用的案例。这不能不说是这些年来创新创业取得的成果，关键时刻发挥作用了。灾难终将过去，生活仍将继续。我们为这场叫作NCP的疫病付出了沉重乃至沉痛的代价，还要为恢复经济、再创辉煌做出更大的努力。都说疫病是对经济、社会的大考，胜利之后需要总结、汲取的经验教训肯定不会少。有两点是显而易见的：一是进一步坚定地转变发展理念，坚持创新驱动发展战略，以数字经济为代表的科技创新的地位和作用必将更加凸现；二是进一步尊重人民群众的主体地位，更好地发挥双创所蕴含的首创精神。我们现在面临百年未有之大变局，奋斗的目标是明确的，但前进道路上不确定因素很多，如何用确定性应对不确定性，继续保持和运用好重要战略机遇期，把主动权牢牢掌控在自己手里。进一步调动全社会特别是年轻人创新创业的积极性，无疑是确定性的关键一招。所以，从这个意义上说，《创杭州》是应时而作、应运而生的。杭州因"创"而充满科技之光、未来之光。这是该书着重告诉我们的。

前进道路上总是挑战和机遇并存。不管压力有多大，总是有人能带领企业熠熠生辉。不管困难有多艰巨，总是有人能披荆斩棘突出重围，让时间来给出答案。每一个伟大的时代，都有人为梦想而孜孜奋斗。

《创杭州》中访谈的两个群体——投资者和创业者，正是这样的一群人。他们有一个共同点：不惧变化，拥抱创新，对未来始终充满好奇心和坚定信念。

有经济学家曾说过，杭州是中国最有可能成为硅谷的城市。

这可能是对创业创新氛围浓厚的杭州简洁而有力的肯定和期待。

此言非虚。

当我们谈论硅谷时，我们在谈论些什么？

硅谷为什么能成为硅谷？微软、苹果等伟大的企业是怎样诞生的？周恺秉会在书中告诉我们："硅谷就是以创新投资、天使投资发展起来的一个城市。独角兽企业或者伟大的企业背后，都有投资者的影子。"

可以说，没有创投资本，就没有今日之硅谷。

书中访谈了宗佩民、陈晓锋、胡永祥、李治国、庞小伟、项建标等杭州创投界大佬，水晶光电、贝因美、浙富控股、兴源环境、快的打车、蘑菇街、多禧生物、盘石股份、洋码头、人人视频等就是他们投出的作品，每个人都有自己的杰作，他们是杭州创业创新的幕后英雄。

良性的创新生态和创业文化，是硅谷成为硅谷的另一个重要因素。

在杭州，政策、平台、资本、文化等阳光雨露和空气土壤，构筑了一个最优的"雨林式"的双创生态系统。

"我负责阳光雨露，你负责茁壮成长"，是在梦想小镇等很多杭州创业园区都能看到的一句标语，在杭州这决不只是一句标语。书中的访谈故事，折射出这个城市的创业生态。包括丁香园、正元智慧等在内的很多企业在发展过程中都得到过政府"店小二"式的扶持和雪中送炭式的帮助，这些实实在在的帮助是对创新表达出的认同和赞赏，对未来的向往和坚信。

当然，任何一个时代，任何一个地方缺不了拥有壮志雄心的创业者。——创业者是本书另一个主角群体，他们是涉足云计算、大数据、互联网消费、科技自媒体等领域的优秀创业者，你还可以从书中读到千万家长、学生在使用的亲宝宝、英语趣配音、爱作业等的背后故事。

——对标中，杭州正在比肩硅谷奋力创新创业新天堂的脚步。

在两份重量级全球榜单上，接连三年，全世界只有硅谷和杭州两个地方的公司同时上榜。

2019年全球上市企业市值前十强中，中国的阿里巴巴和腾讯，与微软、苹果、亚马逊等一起榜上有名。

《2019胡润全球独角兽榜》上，估值排名前三的企业均来自中国，其中杭州的蚂蚁金服以估值1万亿元人民币远远高出紧随其后的字节跳动和滴滴出行。

不管是伟大的上市公司还是独角兽公司，杭州都占有重要的一席。

杭州注重对独角兽企业的培育，同时也没有忘记估值1亿美元以上的准独角兽企业和积极向上发展的小微创业企业。

杭州拥有一支排名全球第五的独角兽队伍，有近150家准独角兽企业，还有一大批不停向前奔跑的企业，这些企业形成了一个完美的金字塔形的创新创业梯队，如群星闪耀，共同构成了杭州创业创新的银河系。

在省、市政府的大力支持推动下，杭州的创业创新生态系统持续完善，创业创新的政策不断迭代，人才、技术、项目、资本等各种高端要素加速在杭州集聚。互联网和数字经济引领的新兴产业发展风起云涌，以"阿里系、浙大系、海归系、浙商系"为代表的创业"新四军"不断壮大，呈燎原之势。杭州作为创新之城耸立在中国创新创业的版图上。

截至目前，杭州人才总量达254.5万，人才净流入率、海外人才净流入率、互联网人才净流入率连续多年均居全国首位，连续9年入选"外籍人才眼中最具吸引力的中国城市"。

《创杭州》访谈了26位创新者、当家人、公司的灵魂人物，书中描绘了投资人的慧眼，创业者的勇敢，他们对创新的认同，对未来的不懈探索和追求。他们有人生的高光时刻，也会有夜深人静时的孤独煎熬。

读这些活跃在杭州的投资者和创业者的故事，通过他们的所见所闻所历所思，可以捕捉到杭州双创的缤纷多彩，感知到这个时代的伟大和不可辜负。

创新是经济发展的第一动力，是每个人抑或族群实现梦想的原力，因为创新，一个个创业项目让我们释放生命的潜能，让生活变得更美好。

立春已过，杭州去冬至今虽没下过一场雪，但感觉上仍是寒意阵阵。看着这本书稿，仿佛已经嗅到春天的气息。该书是对杭州创新力量的一次记录，一次回望。创新连接过去和未来，在新十年的开端，我们向创新者和他们的支持者致敬！在现在这个时期，特别需要弘扬这种创新精神。期待创新创业的大船载着我们驶向更加美好的未来十年！

周国辉

2020年2月12日

·捕风·

壹

没有理想的人像是草木，

在春天生发，到秋日枯黄，

对于生活它做不出总结，

面对绝望它提不出希望。

——穆旦《理想》

杭州市高科技投资有限公司 董事长、总经理
杭州市创业投资协会 轮值会长

他可能是最了解杭州创业圈和投资圈的人。
他相信杭州是
"大踏步向硅谷迈进的一个城市"。

尽管杭州很早就被经济学家称为"最有可能变成硅谷的城市",但要找出新鲜有力的论据来马上证明两者的联系,并不是一件容易的事。

这个问题困扰了周恺秉一个冬天。

当春天来临,他有了答案。

2018年3月12日植树节那天,春意盎然,在杭州第二届万物生长大会的演讲台上,周恺秉做了题为"杭州,一个新时代崛起的硅谷"的演讲。

他的普通话带一点温州口音,语调慢悠悠的,平和又好听,一如他的为人。

他举出了两份2017年底的全球榜单,一份是全球上市企业市值前十强,一份是全球前十的独角兽公司。在这两份重量级榜单上,全世界只有两个地方的公司同时上榜:一个是硅谷,一个是杭州。

杭州的阿里巴巴,是已上市全球企业市值前十强之一。杭州的蚂蚁金服,位居全球独角兽企业估值榜首。

"我们这个城市,是大踏步向硅谷迈进的一个城市。"

陈述这个结论的时候,周恺秉的声音激动得稍微有点颤抖。

在现场,热血沸腾听他演讲的,有包括杭州独角兽企业在内的1000多家企业负责人,有杭州乃至全国最优秀的投资人,还有杭州市领导。

周恺秉是谁?杭州市创业投资协会轮值会长,杭州市高科技投资有限公司(以下简称杭高投)董事长、总经理。

杭高投是由杭州市政府授权杭州市科委出资成立并管理的国有投资公司，旗下业务包括杭州市创投引导基金、天使引导基金、政策性担保及其他投融资服务——每一项都与造梦者息息相关。

你可以这样理解，他是创业创新方面政府理念的具体执行者。事实上，他也是对杭州投资圈、创业圈了如指掌的人。

▌ 壹·护航
为2000家企业担保融资超70亿元
丁香园、贝达药业都曾在危急中获得帮助

丁香园北下到杭州创业的故事，2018年年初在网上流传甚广。创业之初，这家优秀企业曾得到杭州市科委的多次帮助。

第二届万物生长大会上，时任杭州市科委党组书记、主任阳作军再次表示：我负责阳光雨露，你负责茁壮成长，杭州时刻准备着用心打造新物种孕育和成长的沃土。

包括丁香园在内，初创期得到帮助和支持的企业有很多。

丁香园的创始人李天天，2006年来杭州创业的时候，只拎了一只小箱子，他并没打算待多久。但审批手续的顺利，政府服务的到位，以及刚来3个月杭州市科委就把一间办公室租给了他们，让李天天决定扎根杭州。

2008年，丁香园遇到了最大的困难，资金链眼看就要断掉，杭高投下属子公司杭州高科技担保有限公司（以下简称高科担保）给予其信用担保授信100万元。

这笔钱在紧要关头缓解了公司的压力，丁香园日后的发展日益稳健，从最开始的三个人到员工逾千人，成为已经实现规模化营收和盈利的知名互联网公司。

政策性融资担保业务是杭州的一项创举。有了政府的担保，银行可以放心地放款，企业解决了最头疼的资金问题。

"科技型企业是轻资产，比较难向银行拿到贷款，我们要做的，就是解决企业的两个问题：融资难、融资贵。"周恺秉说。

今天很多很牛的创新企业，都曾得到过帮助。

海归博士丁列明创办的贝达药业，2008年曾面临资金链断裂的难题，危急时刻，高科担保"雪中送炭"伸出援手。3年后，贝达药业研制出抗肺癌新药凯美纳。

林东新能源自主研发的首台容量达3.4兆瓦的发电机组，创下"世界之最"。可是在项目初期，频频遭到银行拒绝，贷款困难。高科担保为其担保贷款2000万元，支持项目的推进。

2017年4月A股上市的正元智慧，更是一路由高科担保相伴。这家国内校园智能卡应用领军企业，从2008年开始，几乎每年都能得到担保资金的支持。

截至2017年底，十几年来，高科担保走访了上万家企业，累计支持小微企业近2000

家，担保融资金额超70亿元。2013年推出的融资周转业务，累计为800家（次）企业提供融资周转资金约55亿元，为企业节省融资成本超过2亿元。

如果把杭州的创业企业做一个金字塔形的分布，杭高投直接帮助过的企业，如今分布在金字塔的各层，有令人瞩目的"独角兽"，有高速奔跑的"小独角兽"，还有孕育着更多可能性的初创型企业。

"杭州给了创业者一个自由、开放、平等的软环境。"李天天的感慨，也是杭州这些年不断吸引创业者、投资者前来的理由。

贰·领航
从挑选"千里马"到寻觅"伯乐"
基金数量和总额双"破百"

2018年4月底，杭高投又得到一块奖牌，荣膺"投中2017年度中国最佳有限合伙人TOP20"。类似有分量的奖项，杭高投没少拿。杭州市创投引导基金连续七年被评为"全国十佳政府引导基金"。

作为杭州规模最大的LP（有限合伙人），到2017年底，杭高投管理的基金先后投资了深创投、创东方投资、德同资本、硅谷银行资本等国内外知名创投基金逾100只，基金总规模超过100亿，实现了"双破百"。

根据周恺秉对硅谷的解读，创新需要非常好的土壤，而发展创业投资和天使投资是其中非常重要的一个方面。

"硅谷就是以创新投资、天使投资发展起来的一个城市。硅谷创业投资、天使投资的份额占美国的30%左右。独角兽企业或者伟大的企业背后，都有投资者的影子。"

在杭州，不管是2008年率先在国内探索成立的杭州市创业投资引导基金，还是后来增设的蒲公英天使投资引导基金，这些不以营利为目的的政策性基金，借助市场化的手段放大财政资金杠杆的作用，正在支持创新创业方面发挥着积极重要的作用。

相较于传统"直接无偿资助"的方式，基金模式以小博大，有效撬动了社会资本。而面对现在越来越高的创业成本，在市场手段下，由创投机构支持初创企业，好处不只是输送资金，还输送了企业成长所需的"营养液"。

此举凸显的，是政府主动打破部门权限、实现从原来的行政式拨款向市场化机制转换的创举。

擅长用通俗的比喻让外行"秒懂"的周恺秉，用选"伯乐"还是选"千里马"，形象描述政府的这种职能角色转换。

——传统政府支持科技型企业的模式是以项目补贴的形式，由政府直接选"千里马"；而通过引导基金，则意味着由政府选择"伯乐"即投资公司，再由这些专业的投资机构用专业的眼光去选"千里马"。

"相比之下，有着营收压力的投资机构，更能挖掘出真正具有市场前景的'科技之光'。"周恺秉说。

由浙江赛伯乐总裁陈斌设立管理的灵峰赛伯乐，是第一批合作子基金，投出了经典案例——聚光科技。2011年上市后，该公司市值曾突破140亿元。

由华睿投资董事长宗佩民管理的华睿富华，所投项目中，泰一指尚、医慧科技均被成功并购。

截至2017年底，引导基金共投资了600多家企业，其中聚光科技、汉鼎信息等15家企业上市，16家被上市公司并购，还有12家在新三板挂牌。这样的成绩在全国是领先的。

可以说，引导基金是以一种新的方式为初创企业"保驾护航"，也支持和推动着本地风投机构的发展，同时还为社会创造了税收和就业机会，结果是多赢的。

杭州活跃的投资机构与引导基金密切合作，共同发展，为创业提供了一个好环境。

杭州投资圈很认可周恺秉。创投方面的事情，他似乎从不说"不"，杭州的创投大佬在微信群里"爱特"他，请他周末出席活动，他总回"好的"。而且有好几次，因为其他大佬临时有事不能演讲，他作为"备胎"前去"救场"。

人缘好，又对行业熟悉，周恺秉还把看似不可能的事变成现实——邀请了史上最牛最低调的投资人龚虹嘉来杭州演讲，而且还邀请他担任杭州创投协会的名誉会长。

叁·通航
硅谷何以成为硅谷？
新时代的合作与呼应

周恺秉生性低调，不张扬，但一开口，博古通今的谈吐就把人吸引住了。经常说到最后，他会来一句：我都是瞎说，听听笑笑就过去了。

这个毕业于中国人民大学经济应用数学专业的高材生，从20世纪90年代起，就开始研究创业投资了。2007—2008年到美国波士顿大学做访问学者期间，他还专门去了解了美国的创投领域，研究了美国各个州的政策。到杭高投任董事长之前，他一直在做这方面的研究。

他研究过硅谷，他认为硅谷科技创业者能引领全球的产业变革，得益于良性循环的创业生态系统，包括成熟的风投机制，鼓励冒险、宽容失败、以人为本的创业文化，高度发达的创业服务体系等等。

作为杭州市政协委员，周恺秉很早就在投资方面建言献策，他认为创新创业与风险投资就是一对密不可分的"双胞胎"，而硅谷就是将创新创业和风险投资完美结合的典范。

他深入观察着本地的创业创新，研究着大洋彼岸的硅谷，跟创投大佬们沟通交流，然后把科学合理的建议传递给政府。

杭州与硅谷，在新时代正发生着各种联系和呼应。

一个良性循环的创业生态系统，也正如周恺秉所愿，在各种创新力量的共同推动下，逐渐形成。

杭州，正在成为新时代崛起的硅谷。对此，周恺秉深信不疑。

"名字跟命运有关系的。
你看我的名字，'币'在'风'中，
命中注定我就是做风投的。
一辈子做风投。"

浙江华睿投资 董事长

宗佩民给人的感觉很"正"。

2018年夏天在杭州西湖区的一次演讲中，宗佩民把改革开放以来的经济史划分为三个时代：温饱时代、小康时代和2018年开始的强国时代。他认为在强国时代，创投行业的任务就是寻找和培育代表时代的独角兽。

翻开以往有关他的报道，不乏"使命感""危机感"这样的字眼。

在他身上，有一种浓烈的家国情怀和责任担当。

私下里，他还有一种诸暨人的率真。在杭州创投圈，他被称为"老愤青"，因为一向敢说敢言，愿意把看到的问题表达出来。其中饱含着的，是对行业深深的热爱。

从2002年创立国内最早的民营创投机构开始，宗佩民带着他的华睿投资走过十数年风风雨雨。其间，华睿投出了一批上市企业和优质项目，令行业瞩目。

他有他的制胜法宝，也有对行业深刻的理解和坚持。

"今天我们什么都聊，更多地聊聊行业的情况。"国庆节后的第二个工作日，这位很少接受采访的华睿投资掌门人真诚地说。

而他那天下午的开场白，是关于名字和命运的笑谈。

"名字跟命运有关系的。你看我的名字，'币'在'风'中，命中注定我就是做风投的。一辈子做风投。"

壹
霸王条款是对行业和创业的伤害

宗佩民对创业者很有同理心。

2002年8月，宗佩民辞职创业的时候，恰是国内股权投资觉醒之际。那时的风险投资还是境外资本唱主角，国内本土风投机构寥寥无几。

此前，他在浙江省供销社做了10年实业投资，后来参与创建省属创业投资公司，2年后下海。

开头几年并不顺利，一个项目没投出，公司全靠咨询业务支撑，而且在2004年遇到了危机——投资人撤资了，合伙人不干了，把本金、回报都退给股东后，公司成了负资产。

危急时刻，大学班主任借给他的30万元，把公司从生死存亡的关口救了回来。

班主任做的事就像天使投资人，而华睿的成长过程，让他特别能理解创业者的艰难。所以他一直认为面对创业者要有爱心，要把投资当作慈善事业。

2010年以前，他眼中的风投行业很健康。

2010年以后，风投行业越来越不像话了，风险投资被做成了"无风险"投资。

资本的活跃带来了"对赌条款""股权成熟和回购条款"等舶来品，风险投资逐渐变成了财务投资。有些不平等条约甚至搞出"优先分红"权，公司的利润，先分给一些投资巨头，巨头成本收回了，留下来的才可以给别人。

"像狼群一样的，头狼先吃饱了，二狼、三狼才能吃，变成这样了。这就是丛林法则，强盗逻辑嘛，对创业者非常不利。"

宗佩民说，霸王条款扭曲了创业投资的本质。

"我们做的是风险投资。创业是有风险的，做成了，我们一起分享成果，我们按约定比例享受权益。做输了，我们一起承担风险，我钱没了，你时间浪费了。这才是风投。"

而现在，一些投资协议实际上是创业企业创始人承担了主要风险，投资人承担了次要风险，不匹配，"把创业生态搞坏了"。

贰
朝着人群相反的方向走

在每个成功的投资人心中，可能都会有一个属于自己的黄金时代。对宗佩民来说，2006年、2007年就是这样的时代。

公司的前两只基金，集中在这两年投出，命中率高到难以想象。13个项目里，1个并购的上市公司，1个拟上市公司，其他的全部IPO上市。

水晶光电是他投的第一个项目，2007年投进去，2008年上市，2009年退出，回报20倍。

他谦虚地说自己运气好。

如果说那时候机构少，项目多，估值低，上市快，确实抢占了先机，那么后来的成绩就不只是运气可以解释的。

截至2018年下半年，华睿累计投资160多个项目，已上市比例超过20%。存量项目中，潜在可主板上市的比例依然能够达到20%以上。

从2010年国内各种创投大奖设立起，荣誉也接连飞向华睿和宗佩民——中国本土十佳创投机构、2017最具竞争力创投机构、福布斯中国最佳创业投资人等，很多奖项都是连续五六年地拿。

制胜的法宝，宗佩民在华睿投资成立15周年时做了思考和总结——寻找独特。

投资的每家公司的独特之处，他如数家珍：

水晶光电，全球智能手机精密光学元器件制造商，是苹果手机红外截止滤光片（IRCF）最大的供应商。而曾经，他们是一家濒临破产的水晶切割厂。

浙富股份，做水轮发电机组，在民营企业中能发电30万千瓦以上的（后来70万千瓦）就此一家。

康盛股份，国内领先冷凝材料与器件制造商，占有全行业40%以上份额。

英飞特，LED智能驱动电源技术的突破者，没有英飞特就没有现在LED照明行业的发展。

……

宗佩民说，每一家公司都有自己独特的技术，独特的视角，在细分领域里有遥遥领先的优势。

而寻找到他们，不是在激烈的赛道上，而是在偏僻的小路上。这些项目外资、BAT不一定能看得上，但又有自己的核心技术。

这就是差异化，他们是斜刺里冲出的一匹匹黑马。

坚持有所投，有所不投。华睿不投P2P，不投比特币，不投游戏，宗佩民觉得这些东西对国家强大没什么作用。

华睿投资的三大方向，一是用信息技术改造传统产业，二是科技攻关替代进口，三是商品与服务出口，他认为这些是国家强大的关键方向。

不追逐风口，不人云我跟，不追求投机，用一种相对的逆向思维，朝着人群相反的方向走，唯如此，才能寻找到价值，寻找到独特，才能与独特者同行，自己也成为独特者。

叁
在华睿待20年，投2个半项目就够了

熟悉宗佩民的人都知道，他是个"工作狂"。现在，他依然每天工作12小时。员工上班前，他已经早早坐在了办公室。员工下班了，他还在。

公司每年要访谈2500—3000个创业项目，工作量很大，但并不规定投资任务，哪怕一年一个项目不投，也没关系。

"在华睿待20年，投2个半项目就够了。"这是他的要求。

听起来要求不高，做到却不容易。

2个半项目里，半个项目叫处女作，对投资比例没有要求，标准是能上市。这个项目

鼓励投资经理尝到创投的味道，增强职业自信心。

第1个项目是代表作，必须要达到15%以上的分红比例，且要求上市以后市值达到100亿以上。这是投资经理追求的作品。宗佩民的个人代表作，有浙富、贝因美等，五个以上是有的。

还有1个项目，是收盘作。要带有可以产业投资的特征，为50岁以后做产业做铺垫。他的收盘作是胡庆余堂。

对中医药行业深入研究了五年，2018年下半年，他开始带人做中医药的S2B2C，他的目标是把中医药服务出口到国外。

投资行业做了快30年，宗佩民深感做投资绝对不是项目越多越好。一个优秀的投资者，需要具有眼光、专业和风控能力。而这，也正是投资大神巴菲特的本事。

比如说眼光，要能洞察行业的未来。华睿早在2010年就投了小程序，2013年投了区块链，都是对行业的前瞻投资。赋能传统产业，需要什么新技术？这依赖敏锐的洞察力。中医中药、中国软件的出口，是宗佩民对未来20年的又一个洞察。

而不管是眼光还是风控，都建立在专业的基础上。如何做到专业？靠时间积累。6年，一个投资经理才能"毕业"。宗佩民说，一个好的投资经理，一定是一个很会学习、悟性很好、听得进别人意见的人。

而很关键的，只有做好风控，才能获得回报。小肚鸡肠，急功近利，是做不了投资的。做投资不能冲动，不能追涨，不能跟风，因为"跟风是最大的风险"。

这些年有很多风吹过来，O2O来了，比特币来了，华睿都不理睬，因为得先搞懂是什么东西，是妖怪的话就不去理他。

"不要做海洋里被鲨鱼追杀的小鱼，一群一群地扎堆，要做小鲨鱼。"

■ 肆
资本是创新的发动机

2018年的资本寒潮，华睿明显感知到了。

2015年以前，华睿募资基本一个小时就募齐了。宗佩民上班出门时编个短信，到了公司，股东们已经报好了名。

2015年上半年，华睿完成募资需要一天时间。到2016年，大概要一个星期去募资。2017年，基本上要一个月去募资。2018年上半年，要一个季度去募。

政府部门加强监管，企业、个人负债高，同时又受中美贸易纠纷的外力影响，行业资金严重紧缺，募资难、投资难、退出难，已成为VC（venture capital，风险投资）共同面临的困境。

一些业内人士认为，这意味着创投行业即将进入洗牌期，可以淘汰一些不具备基金运营能力的私募机构和基金管理人。

华睿也放缓了脚步，公司一部分人做中医药实业，一部分人继续做投资。那天下午采访前，他刚刚跟人聊了中医药的问题，办公室的白板上画满了公式。

华睿的投资方向里，科技投资依然是重点。宗佩民认为虽然资本遇冷，但更要认识到资本的作用。

他发现，科技型企业的创业门槛变高了，科技含量更高了，创业者的素质更高了，动辄千万级起步的投资，对资本的要求也更高。

资本，正是创新的发动机。眼下这个时代，尤其需要资本的助力。因为现代经济最核心的一个循环系统，就是资本市场，也即权益市场。

宗佩民解释说，让企业借银行的钱来发展，是非常不现实的。借了银行的钱，光有负债，没有权益，企业是不会也不敢拿负债去做产业投资和科研的。所以一定要重视资本的作用。

在现实中，创投行业也会被一些部门误解，是因为在一些根深蒂固的思想中，有些人把创投等同于投机，认为投资赚来的钱是不义之财。

实际上，资本对科技、创新的推动作用，是非常积极而良性的。"我们已经进入到一个靠长期投资和研发来创新的时代，必须要权益性的钱，要资本的钱去推动这些事情。"

杭州市高科技投资有限公司董事长、总经理周恺秉也认为，创新创业与风险投资是一对密不可分的"双胞胎"。硅谷的崛起，就是将创新创业和风险投资完美结合最典范的例子。

而在国内，最近20年科技快速发展，独角兽密集产生，资本的推动作用也功不可没。

"只有呵护了资本市场，重视资本的作用，让资本活起来，才能推动科技更好地向前发展，才能形成良性循环，经济繁荣，国家竞争力变强。"宗佩民认真地说。

陈晓锋说自己选择了天下最辛苦的行业。

尽管如此，

他还是乐意跟人讲，

"未来是创业投资的黄金时代"。

浙江科发资本管理有限公司 董事长

科发资本的会客室每天都在进行脑力的激荡。

有时是跟前来洽谈的客户，有时是跟朋友，有时是跟媒体。

2017年9月26日晚，杭州市创投协会与网易新闻客户端合作的国内首档创投类网络直播节目《创世纪》在这里进行，直播嘉宾是科发资本董事长陈晓锋和他的同学——浙大科技创业投资有限公司总经理吴添羽。这是《创世纪》的首场节目，两位侃侃而谈，出人意料地有28万人同时在线观看，为节目开了个好头。

第二天下午，在位于杭州庆春路上的这间会客室里，陈晓锋说，这说明越来越多的人开始关注投资了，不过我还有很多观点可以讲得更深。

说这话之前，陈晓锋刚刚会见过来自澳大利亚顶尖投资机构的同行。

2012年，有着传奇经历的陈晓锋正式进入创投圈。进入时间不算早，但业绩却相当令人瞩目。科发资本投资的项目回报高，死亡率比较低，科发资本因此被称为业界的一匹黑马。

各种荣誉环绕着陈晓锋和科发资本——陈晓锋是2014年度、2015年度浙江金融投资十大领军人物之一，科发资本多次被评为浙江省优秀创投机构，根据中国证券投资基金协会2017年初公示的数据，科发资本已进入中国创投30强。

不过，这显然不是陈晓锋的最高目标。对于未来，陈晓锋说："希望科发资本能成为像软银、红杉这样的顶级投资机构，站在更高、更远的投资制高点抢占先机。"

壹
为什么投资的眼光如此独到？
他有一套自己原创的理论

科发资本会议室外墙上，钉着近100家企业的LOGO，这些都是他们投的项目。右边墙上的项目，已经上市或走在上市的路上；左边墙上的，正在健康良性发展中。

做创业投资，一般来说，10个项目中有2家公司上市就可以回本，而科发资本经常要超过这个数字，给投资者带来比较好的回报。

投资企业的眼光如何能这么独到？《创世纪》的直播中，陈晓锋拿出了自己的投资"绝招"——"长板短板理论"。

这个陈晓锋原创的理论，是根据"木桶理论"发展来的，大意是这样的：企业早期看长板，成熟期看短板。企业发展初期，主要看优势，看核心竞争力。企业可能有小发明、激情或某方面特别的优势，关键把长板优势发挥好了，不足的地方会有板补上来。到了成熟期，快要上市了，应该进行全面衡量，如果有一块板特别短，水就装不多了，可能会影响甚至毁掉一个企业。

这个理论，是陈晓锋从多年实践中总结出来的，也是公司在实际投资中的指导思想之一。擅长归纳总结，是他的特点。

陈晓锋的朋友、浙江赛伯乐总裁陈斌对他的评价是"逻辑思维清楚，讲什么都头头是道，是专家式、教授级的投资家"。

关于投资，陈晓锋原创了不少理论，来自实践，又指导实践。

在业内，他以把控风险能力强、决策严谨著称。每年，公司都会收到2000多个创业项目，经过层层筛选，分组打分，高分项目再经过PK，最终留下20多个项目，真真是百里挑一。

创业者的故事个个精彩，陈晓锋投资的故事更令人拍案叫绝。

2015年底，科发资本投了成衣定制O2O模式的"衣邦人"。那次科发资本参与组织浙大校友论坛，陈晓锋做主持，"衣邦人"的创始人方琴要给每位嘉宾做套衣服，上门来测量的时候，量着聊着，陈晓锋就说："你这个项目不错，我要投。"

一杯茶的工夫，陈晓锋把自己从服务对象变成了天使投资人。

对此，公司内部是有争议的。大家都认为这是传统服装行业，是红海，干吗要投？陈晓锋力排众议，告诉大家这本质上是工业4.0，是信息化服务。

事实证明陈晓锋判断正确。刚天使投了一周，就有其他投资机构跟进。2017年9月21日，"衣邦人"宣布完成5000万元人民币B轮融资。从估值3000万到5个亿，其中的回报是十几倍。

还有一个决策更快的投资项目，是做互联网教育的万朋。只谈了半天时间，陈晓锋就决定投，凌晨1:30双方签好协议，第二天一早就把钱打了过去。科发资本先后给万朋投了4000多万元。

这个独角兽级别的项目，也为科发资本带来了丰厚的回报，一年后估值从3亿元激增为8亿。表现优异的万朋发展迅速，"中国教育信息化第一品牌"呼之欲出。

这些属于严谨中的破例。陈晓锋说，眼前一亮，就像谈恋爱，有谈三年、五年的，也有一见钟情的。

互联网、高科技等新兴产业是科发资本关注的重点，除了项目好符合投资逻辑外，还有一个重要因素，是看中了创业者个人。"投资投人，是真理。"陈晓锋说。

投资中的"第六感"，是在积累中练出来的。不过陈晓锋也不讳言他对浙大校友的偏爱。

非常巧的是，衣邦人的方琴和万朋董事长申屠祖斌都是浙大硕士毕业生。这样的身份确实加速了彼此间好感和信任的建立。

科发资本投资的项目中，一半是浙大校友的项目，公司LP（有限合伙人）中浙大人很多，公司团队也有一半是浙大毕业的。

具有人才、科技优势的"浙大亲友圈"，是科发资本迅猛发展的一个法宝。

贰
8年高校，3年官员，5年国企。
他被时代推着往前，也享受着时代的红利

陈晓锋梦想开始的地方在浙大。

16岁，陈晓锋考入浙大机械系，成为路甬祥的弟子。如果没有后来的变化，他也许会沿着最初的理想成为科学家。

陈晓锋的很多机遇都比别人早一点。20岁留校任教机械系，25岁成为浙大计算机系副书记，是学校最年轻的副处级干部，28岁被选派到宁波北仑挂职副区长。

他的同学吴添羽说："他是大天才，又勤奋，事事都做得成。"

不同的际遇推动着陈晓锋改变，尤其是副区长的经历。1992年，他作为重点培养干部被选派到宁波。那年，邓小平发表南方谈话，鼓舞了很多想在商海大显身手的人。陈东升、潘石屹、俞敏洪等一大批企业家，就是在那时受感召下海创业的。

在北仑，陈晓锋干得不错，同事评价他：人缘好，干劲十足，也有领导魅力。可后来他选择了离开。

20年后，他对《百年浙商》的作者毛祖棠说："在这样一个充满变革的时代，企业是展现才华抱负的最好机会。"

顶着亲朋好友的不理解和种种压力，陈晓锋向浙大递交了辞职书，离开了机关单位，投身国企。

从宁波到杭州，副总裁、总裁、董事长，一步一个脚印。浙大网新筹建的时候，他是重要参与者之一。2000年，他曾到后来被网新并购的中国黄页做了一年董事长。这段经历让他对互联网公司有了深刻了解。

2001年，陈晓锋开始了真正意义上的"下海"，而且是"没学好游泳就下海了"。

8年高校，3年官员，5年国企。回首往事，陈晓锋特别提到副区长的经历："在北仑学到很多，天地开阔，了解了太多经济、政府运作的各种知识，人脉资源也多，对我非常有帮助，后来就有决心下海。"

在毛祖棠看来，受浙江下海风潮影响，很多机关干部下海，陈晓锋是其中的代表人物，他的阅历、经历和事业发展要较其他人更成功一些。

陈晓锋创办的第一家公司叫丰海，做实业投资，公司现在还在，不过没有实际业务，只是作为大股东享受分红。

从零开始，陈晓锋尝试过很多行业，在试错中逐步领悟和成长。他做过旅游、贸易、高科技，还在宁波做过电视盒子，做的时间比华数早。他在宁波、舟山还开发了很多房产项目，房地产开发让他实现了财富积累的愿望。

除了自身的天赋和勤奋，陈晓锋说："国家给了我们一个机遇，这个是大势。"

那个时候，朱镕基总理提出"国退民进"，大量国有企业退出竞争性行业，给民营企业发展提供了空间。

而1998年取消福利分房的政策，也让陈晓锋从中看到了商机。对经济形势的研判能力，是陈晓锋的强项。

他被时代推着往前，也享受着时代的红利。

2008年金融危机席卷全球，陈晓锋开始退出房地产，寻找新的产业机会，把目光转向了创投。

"在产业转换期，投资行业一定是个潜力巨大的行业。"这是他的判断。

2012年科发资本起步的时候，正是"资本寒冬"，创业板的窗口关闭了，很多人不看好投资行业，但他却义无反顾扎进了投资界，"别人都恐惧的时候，正是进入的好时机。"

这一年，他48岁，开始书写自己最精彩的传奇。

叁
交朋友容易，
要取得别人信任却要靠实力

陈晓锋戴一副金边眼镜，说起话来语调平和，有种学者的气质。

不管什么事，到了他这里，都是娓娓道来。年轻时的青春飞扬，抑或内心有过的挣扎，以及创业时、做投资时遇到的困难，他都一句话带过。

"困难太多了，不说了。"在科发资本会客室，说话爱比划手势的陈晓锋，说这句话时一个手部动作都没有。

他是那种人缘好，值得朋友信赖的人。他用的手机号，是19年前开通的舟山号码，一直不换号，是怕万一别人有事找不到他。

交朋友容易，要取得别人信任却要靠实力。

到2017年底，科发资本发行并管理了11只基金，资产总规模达50多亿元人民币。

打造专业化、多元化、国际化的一流创投企业，成为受人尊敬的资产管理平台，是科发资本的愿景。陈晓锋说："我们要对LP和创业者负责。"

科发资本的业务团队是按照行业精英、财务、法务各三分之一的比例进行架构的。财务、法务从不外包，这是他们独有的做法。如此，可以把投资风险控制到最低，工作也高效。

实操中他们有很多独门秘笈，比如说财务练就了火眼金睛，看企业的报表有没有造假，关键环节一目了然，很快就能抓住要害，几乎百分百地准确判断。

陈晓锋自己精通法律、财务、金融，越懂的人跟他交流他越喜欢，因为半个小时就能让对方明白他们的厉害之处。

对于创业者，除了投资，还要不断输送各种"营养液"，提供帮扶。曾经北京有个环保项目，申请了863计划，但在研发最后阶段遇上了困难，科发资本帮忙找到了浙大能源系的教授，他是这个领域国内最牛的专家，很快双方对接有了实质性合作，863项目也如期完成。

一方面做好风控，一方面协助企业，才能结下胜利的硕果。也因此，科发资本深得LP的信任。

在科发资本，募资说明书是多余的东西，只要打一圈电话告知一下，经常是秒杀、超募。包括2016年1月在陈晓锋老家组建的"义乌科发创投基金"，几天功夫募资就超额完成了。

肆
创投太辛苦，
但未来是创业投资的黄金时代

荣耀背后，是不断的挑战，是脚步的一刻不能停。因为市场每时每刻都在变化，每时每刻都面临风险，必须快节奏地跟上时代。

科发资本团队白天基本都在外面跑，做尽职调查，到企业考察，经常晚上聚在一起开会。

陈晓锋自己是工学学士、法学学士、高级经济师、中欧国际工商学院EMBA硕士，他学英语，甚至到国外出差他都要见缝插针考个游艇驾照。他擅于进行碎片化学习，并消化成自己的理论。

他说自己选择了天下最辛苦的行业。他唯一对外界吐槽过的苦，可能就是晚上加班、总吃快餐。

他曾和华睿投资董事长宗佩民私下交流过，创投太辛苦，真不如自己办个企业来得轻松，看过这么多，成功率也能高一些。

尽管如此，陈晓锋还是乐意跟人讲"未来是创业投资的黄金时代"。

他拿美国硅谷来举例：美国七八十年代经济已开始衰退，因为硅谷后来掌握了芯片、互联网，才重新成为经济的主导。

硅谷是怎么起来的？硅谷那些公司是怎么冒出来的？靠的就是股权投资、创业投资。

陈晓锋说，投资和创业是一个事物的两个方面，资本的资源，通过市场的配置，通过股权投资公司的配置，能够顺利地配置到需要钱的人身上，配置给那些有能力的、有创新的、有激情的创业者身上，对国家产生的是核爆炸式的作用。

尽管股权投资额度很小，但作用很大。正是股权投资和创业投资推动了美国经济的发展。

然后陈晓锋又从美国说回了眼下：中国科技成果不差，为什么转化率低？就是因为缺乏这种机制。从这样的高度认识，创业投资不是短暂的、时髦的东西，而是长远的国家需要。

陈晓锋一席话，听得人热血沸腾。

不过最后，我还是问了他一个问题："如果在大学老师、政府官员、创业者、投资者几个角色中选，你现在最希望做什么？"

他沉吟一下，说："各有各的优势。大学老师是比较好的，随着年龄增长，更喜欢大学老师。年轻时，想到外面闯闯，到了一定程度，现在选，我愿意做大学老师。"

不知是否有那么一瞬，那个16岁的天才少年跃入了他的脑海？

他有故事，有刀，也有酒，
更有温和的微笑。

浙江省创业投资集团 总裁

胡永祥

夜晚的咖啡屋，灯光柔和，一群青年才俊围着长条桌，仰脸倾听一场创业沙龙。

穿深蓝色衬衫的中年导师，站在桌前离幻灯机不远的地方。简单的自我介绍后，打开PPT开始演讲。他语气诚恳，举止礼貌，目光环顾众人，时不时打着手势。

大概过了五分钟，终于有创业者忍不住说："胡总，您坐下讲吧，站着太累了。"

"不好意思，那我坐下讲了。"说完落座的时候，他脸上是诚挚而略带歉意的微笑。

被称作胡总的，是浙江省创业投资集团总裁胡永祥。他是那种第一次见面就能给人留下极好印象的人。不管对方是什么身份，他都能让你感到舒服自在。

他属于杭州较早投身创投业的一批人。19年的创投生涯中，公司投下的项目保持30%以上的IPO成功率，且无一项目颗粒无收。

从世纪初的国内"本土创投五虎将"，到10年代的"浙江十佳本土投资机构"，胡永祥带领浙创投稳步前进。他自己也屡屡获得"浙江优秀投资机构10强领军人物""浙江省最具影响力创投家"等称号。

明明可以傲视众人，他却一直低调谦逊。

明明可以大谈成功学，他却更愿意对那些他亲历、目睹的经验教训不吐不快。

相比于创投机构掌门人的身份，他更像一位博学的教授。但他却对团队说，我们要放低身段，不能成为教授，要有服务意识。

在杭州创业界，经常会听到的一种说法是：这个导师特别好，有眼光，有能力，有人脉，对人真诚，我就是冲着他的口碑穿过杭州城来听他讲故事的。

他有故事，有刀，也有酒，更有温和的微笑。

壹
古墩路咖啡伴侣，
常年有他一个位子

跟一般投资者不同，胡永祥出手比较"慢"，而且偏"保守"：一年投四五个项目，以带有硬科技元素的实体制造业为主。

这跟浙创投的国资成分有直接关系。国资对风险的承受能力比较低，甚至有终身追责的要求，对投资者来说，头顶无异于悬着"达摩克利斯之剑"，每一步都必须慎之又慎。

听起来似乎束缚很多，但胡永祥成功地把它转化成了快乐。

在办公室很少能"逮"到他，他不是去企业调研，就是在去调研的路上，或者就是在茶馆、咖啡馆跟创业者聊到深夜。

虽然项目数量跟别人没法比，但他跟所有投资大咖一样忙。

古墩路一家咖啡伴侣，常年有他一个位子。万家灯火的时候，他跟创业者约在那里，沟通、交流，他认真倾听创业者的孤独，倾听他们遇上的难题，帮他们分析，给他们出点子。

"我非常乐意做'奶爸'，给他们出点子，或者是用我的资源为他们做点事。"从第一届杭州万物生长大会，到平日的沙龙分享，到这次采访，他都很认可自己这个身份定位。

具体到一个个项目中，就是细致入微的服务。"真正的专业的投资机构，除了资本的贡献，70%—80%是增值服务。"这是胡永祥知行合一的原则。

他们的服务是一路伴随企业的。从为企业制定路线图，到梳理股权结构，到帮企业不断创新，直至上市。他认为，遇到好的项目不能循规蹈矩，有时候，他会不惜一切力量鼓动朋友来帮忙。

2009年，浙创投投资兴源环境。一个律师、一个会计事务所主任、一个券商，还有他，构成强有力的四人服务小组，为企业的发展出谋划策。其他三人都是他的朋友。

兴源环境原先叫兴源过滤，生产的压滤机主要应用在榨汁、印染、化工等领域，四人小组在对压滤行业竞争格局、发展方向进行分析研判后，建议公司聚焦到环保领域，并在设备中增加干化、节能、远程控制等功能，力求在传统行业中实现高端突围。两年后，兴源环境上市。

源牌科技，观察跟踪了三年，入股前他和投资总监拿出了一份长达38页的运营优化方案，正是这家科技企业需要提升空间的方面。做相变材料的鲁尔新材，创始人把胡永祥当作"贵人"，因为他帮他们招聘到了好人才。还有一家科研院所改制，他们整整服务陪伴了六年，陪伴其成功上市。

为了服务方便，他们有个不成文的规矩，被投企业都处于1.5—2小时的交通圈内。

他不按量取胜，但收获的时候，果实比别人要大些。投资机构都是溢价进入，别人可能以13倍、15倍的价格，他们用10倍左右就可以了。

以兴源环境为例，较低价格的投资，五年后退出，获得了44倍的投资收益。但一个不容忽视的前提是，此前已进行了两年的跟踪服务。

专业的创投机构，服务都在做，但像这样极有耐心的"奶爸"，并不多见。

贰
他并不以快求胜，
但准、稳

文章开头提到的那场创业沙龙，是2017年夏天的夜晚在杭州黄龙商圈举行的，胡永祥演讲的题目叫《资本理性期的投资"新宠"与创业新风口》。

那晚他跟大家分享了很多，人工智能、物联网、石墨烯、无人驾驶，甚至很多人似懂非懂的区块链经济，他都讲得头头是道。

为了沙龙，他凌晨两三点起床准备PPT。每次他都精心准备，觉得要讲好了才对得起去听的人。

沙龙现场，年轻CEO们提出了各种各样的具体问题，不管什么问题，他马上给人指明可行路径。

跨领域，跨专业，还能不假思索给出答案，绝顶的高手才能这么牛啊。

作为听风者，他的洞察力极其敏锐。"我就是一名战士，战士的价值在战场，要不断在战场第一线打仗。"

因为有16年科技交流工作经验，他对前沿科技有着天生的敏感。有什么新东西出来，马上去学。甚至，就连外人看来挺枯燥的各种评审活动，他都认为是学习的好机会。

"参加了很多项目、人才的评审，这些人才最smart（聪明、敏捷），代表了全球最前沿的技术、方向。"身为绍兴人的他，普通话不是很标准，但英语说得极其流畅。偶尔蹦出几个英语单词，很好听。

因为洞察力敏锐，有80%的项目是他们自己一手发现的。比如兴源环境，别人都觉得没戏，他投了，成功上市。他投的凌感科技，第一个在市场上实现了拥有核心算法的手势识别应用。

作为听风者，只有站得更高，看得更远，才能帮企业指点迷津，提供好的建议。

他投资的一家创业企业，做医药冷链物流的整体解决方案的。他鼓励CEO大胆采用分享租赁模式，并支持企业将这一技术解决方案拓展到生鲜食品运输领域，那将是一片新蓝海。

作为听风者，也要在投资路上，躲过不熟悉、不擅长、不看好项目的坑。

胡永祥曾遇到过一家看起来很不错的电容生产企业，这家企业不但业内知名，甚至还占领了国内50%以上的市场份额。然而，经深入分析，胡永祥发现这家企业的行业天花板早已显现，于是果断放弃。

在O2O大热的时候，他们不凑热闹，不为所动。

在一场场具体项目的战斗中，听风者的敏锐更不可或缺。拿到一个项目，他们首先要进行行业梳理，分析标的企业的行业地位；接着需在尽调中全方位剖析企业，寻找企业价值，然后决定是否投资。

听风的时候，他能很快做出对行业的判断；具体项目决策的时候，他并不以快求胜，他出手不快，但准、稳。

叁
对于固执己见的创业者，
再好的建议都是不入耳的

胡永祥的时间排得满满当当，甚至国庆长假都约了好几拨人。但当约定的采访时间到来，他在"采访需要至少1小时，最好2小时以上"的选项中，主动选择了长时间选项。对他人的理解和照顾，似乎是与生俱来的一种本能。

他的办公室放了很多书，桌子上整整齐齐摆放着资料，他拿出茶杯沏茶，聊天的时候几次帮我续水。

在他面前，我很放松，没有什么专业知识是不好意思请教的，没有什么是不能谈的。

虽然30%的上市成功率在行业内已是非常出色，但胡永祥觉得徘徊在30%边缘及在30%以外的那些事，更值得说一说。

前车之鉴，也许更有意义和价值。

投资着眼的是未来，有些始料不及的偏差只有在事后分析时才会恍然。

他们曾在化纤行业顶峰期时投过一家企业，这几年行业走出低谷往上升，但创业投资的阶段性特点已经让两者不合拍了，只能退出。还有因为行业的变化，也会导致原本不错的成长空间减少，跟预期出现偏差。

更多的时候，能不能达到预期，跟企业有直接关系。

有一家企业，因发展思路分歧，管理层出现了矛盾，董事长甚至一气之下要把企业"一把火烧了"。为化解分歧，胡永祥分别请几位核心管理层喝酒，做化解矛盾的"娘舅"。酒至酣处，开始将心比心跟他们交心。整整几个晚上，将核心高管各个击破。聊过之后，管理层解开了心结，统一了思路，换来了齐心协力，第二年，这家企业就成功上市了。

作为投资者，需要做"娘舅"的时候并不少，"因为每家创业企业，从开始到创业成功，或多或少都会有问题。当你看到创业团队的股权比例一出生就不那么协调时，作为一个'娘舅'，能慢慢做通创始人的工作，把他们的股份结构、利益格局调整到可持续发展的状态，我会非常高兴。"

这是化险为夷的例子。还有些企业，是不撞南墙不回头的。

有一家做智能家居安装、施工的企业，模式很好，但扩张速度太快，管理跟不上，最后走进死胡同。

有一家企业，老板是技术人员出身，情商不高，没有感恩意识，导致员工、股东、利益相关方不愿尽心尽力去帮助他。

还有一家企业，开发了很好的工业4.0软件——通过传感器捕捉核心部件的运行状态数据，从而帮助企业进行设备检测与运行诊断，但没有标准化的拳头产品，四面出击，个性化方案的成本很高，企业一直盈不了利。胡永祥建议企业要聚焦垂直行业，实现规模化定制，但创业者执意坚持自己的经营模式，担心聚焦了会失去别的市场。

这种时候，管你是奶爸，是战士，还是娘舅，都不起作用了，因为对于固执己见的创业者而言，建议都是不入耳的，只有在事实面前碰得头破血流，才会明白。

肆
如果可以，
我希望自己是蔡崇信的角色

2000年秋天，胡永祥接住伸过来的橄榄枝，成为新筹建的浙创投骨干力量。那时候，杭州只有一家创投机构，他们差不多是杭州乃至浙江第二家创投机构。

在此之前的16年，他一直从事对外科技交流的相关工作。

他把工作热情给了前一段经历后，继续把热情抛洒给创投生涯。

其实，当年经朋友介绍，他差一点去了中国黄页。

离开前一份工作，重要的原因是正值浙创投筹建，他认为自己是合适的风险投资人选——天天与国内外顶尖科技高手接触，听到过硅谷留学生在风险投资的帮助下创业成功的故事，自己刚刚读了同济大学的MBA。

还有一个客观因素，胡永祥讲得很坦诚：当时的生活条件有几分窘迫，一家三口挤在一处老旧居民房，晴天一身灰，雨天一身泥，他觉得愧对妻女。

所有的忙碌，说到底是为了实现自己的追求，也是为了家人生活好一点。所以这几年，公司有人离开，他很能理解，纵有千般不舍，也都微笑着送走他们。

最初几年，他的收入并不高，2000元的月薪拿了一年，3000元的月薪拿了一年，没有怨言。

从小母亲跟他说"吃亏就是便宜"，他觉得很受用。他心态平和，眼前得失从不计较，付出多少辛劳都不在乎。

创投身份的转换，胡永祥适应得很快。

对家里照顾明显少了。以前都是他买菜、洗碗，现在他连回家吃饭都顾不上，他能做的，就是把谈事情的咖啡馆选在离家最近的地方，谈完事早点回家免得妻子担心。平时太忙，没有什么娱乐，偶尔陪家人看会综艺节目。每年春节前，他会跟妻子一起去深度旅游，云南啊，贵州啊，都是值得深度接触的地方。

他走路很快，像跑步一样，一般人跟不上，他戏称"工作就是锻炼"。

工作时，他觉得自己永远保持快乐状态，永远充满激情。最快乐的时候，一是投的项目慢慢盈利了，出现了正向现金流；二是被投企业股东之间很和谐，团队向上氛围很浓厚。

创业企业伸手向他借钱发工资的事情经常发生，他甚至给创业者担保向银行贷款，先后担保了四个。问他怎么这么胆大？他说这是互相的信任。

敏锐，真诚，值得信赖，他的温和与微笑都是发自内心的。

谈到杭州创投界错过阿里巴巴的遗憾，他也同样真诚：如果再来一次，也不一定会投，因为高回报又高风险的项目，也许放弃是最好的选择。跟冒险相比，公司求稳更重要。

不过他又说，如果真回到从前，马云找上门来了，我做不了孙正义，我可以选择蔡崇信的角色，跟他并肩战斗。

李治国

福地创业园 创始人

22 岁时，
他成为阿里巴巴 46 号员工。
作为杭州一代创业园区的缔造者，
他见证、参与并助推了
那几年杭州的创业发展。

离约访时间还有不到十分钟，李治国办公室的门开着，能看到他正在伏案疾书，认真做着准备。

这几年，因为埋头创业，李治国鲜少接受采访。此次勾起他讲述欲望的，是2019年3月下旬每日互动（个推）登陆创业板，有媒体发现每日互动所在的西斗门福地创业园是个传奇之地。

西斗门的故事很精彩，但只讲了一部分，李治国忍不住在朋友圈上表示：还值得继续深挖。

作为福地创业园的缔造者，李治国见证了、参与了、助推了那几年杭州创业的发展，触动他在情理之中。更重要的一个原因是，这个身负阿里元老、口碑网创始人、知名天使投资人等诸多头衔的大佬，对创业创新数十年不变的热情和情结。

采访前，他笑着说，没有什么内容是不能讲的，不过他更想把主题落在福地创业园及其引起的扎堆效应、辐射效应上。

那些主要发生在2010—2013年间的创业故事，围绕着福地创业园和福云咖啡展开，跟李治国的投资经历十分契合，呈现了杭州创业创新生态的一个缩影。

壹
梦想开始的地方

2011年，福地创业园1.0开张的时候，想必给人的感觉是惊艳的。

汽车西站往东300米，西溪路上，原本闲置的工厂被改造成了创业园，因为从卫星上看，整幢楼呈"F"形，所以起了名字叫"福地创业园"。

创业园的名字写在一堵长方形墙上，名字下方写着一行字：梦想开始的地方。墙体是鲜艳的Facebook红，一看就是创业者希望的那种感觉。

作为杭州乃至全国最早的民营众创空间，这样的设计非常与众不同。

这跟李治国有很大关系。

他曾经游历Facebook和谷歌，带着LOGO的大红大蓝墙体给他留下了深刻印象：充满活力，又非常适合成为拍照纪念的背景。他就曾经站在Facebook的墙前留过影。

而设创业园并非李治国的初衷，他最早的想法是开一家咖啡馆。

2010年9月他二度从阿里巴巴离职，转身做了天使投资人。他精心组织了四次杭州移动互联网CEO沙龙，发现一个最操心的事情：找场地。四次沙龙，换了三四个地方。他想还不如开家咖啡馆，大家定期聚，平时也可以交流沟通。

看了很多地方，最后找到当时楼外楼的食品厂，闲置了好几年，5层楼，大概1万平方米。交通方便，闹中取静。李治国觉得挺合适。

何不索性把整幢楼拿下来，拉企业入驻？这样创业者聚在一起更方便。一个朋友说："这个楼拿下来我要一层半。"那个朋友叫袁震星，网营科技董事长，被李治国拉进来，成了六名股东之一。

于是一个创业咖啡馆的设想，变成了一个创业园区的现实。4层租给企业办公，5层最好的位置做了福云咖啡馆。

那幢楼都是大开间，李治国给大堂设计了很炫的效果：耀眼的银河系。

"这就意味着，创业创新就像银河系的星星点点，每个星星最终汇聚成银河系。"

开张的时候，20多家企业已经全部入驻，整个园区满满当当，生气勃勃。

开业那天，西湖区委书记请来了时任浙江省委常委、组织部部长蔡奇来剪彩。那天蔡奇本来不打算讲话的，但被现场的氛围感染，即兴讲了三四十分钟。李治国记得，那天讲话的内容是"民营的孵化园、创业园应该大力发展"。

福地的品牌很快在圈子里打响，2013年、2014年，福地创业园2.0和3.0先后在西斗门路和文一西路建成，都在很短时间内就招满企业，并且走出了不少明星企业。

福地1.0，出了好几个独角兽，有从10人团队发展起来的同盾科技，有筹备上市的网营科技，还有挖财、亲宝宝。

发展最好的福地2.0，除了2018年在香港上市的51信用卡和2019年在创业板上市的个推、时空电动、婚礼纪、信用管家、淘粉吧、花瓣网等也都从这里起步。

福地3.0有浙大系创业者陈博，他的乐港科技曾主导开发《热血三国》。

李治国曾说过一句话："这将是单位面积招商引资最多，单位面积税收最高的创业园。"事实证明绝非吹牛。

贰
扎堆创业，扎堆成长

北京的创业咖啡馆，据说谈成了很多项目。

有一个段子，两个人正谈项目，谈着谈着旁边有人冲过来说，你的项目能不能我也投一点？一看，旁边那个人是徐小平，或者是谁谁谁。过了几年，那个项目成功了。

不管是创业咖啡还是创业园区，一旦形成良好的扎堆和集聚效应，资源的共享和优化作用就十分明显。

作为杭州最早出现的创业咖啡馆之一，福云咖啡馆里，除了设有普通咖啡馆的聊天区，开阔的大厅里还摆放着一排排整齐的四人桌。从旧照片上看，就像是图书馆里的阅览室。实际上，带上笔记本电脑，点几杯咖啡，一个团队就可以在那里开始创业之旅。

福云咖啡定期举办沙龙，也是各路资本对接、举办各类分享活动的场地。比如阿里的"前橙会"，李治国是主要发起人之一，会员由阿里巴巴"毕业生"组成。每次聚会，都能汇集各路创投、基金、创业公司、民间组织等，这样的机遇不是随便哪个园区都可以提供的。

事实上，从咖啡桌上走出的初创企业，拿到A轮、B轮融资的确实不少。

扎堆效应形成的另一个好处是：思维的盛宴。

在这样的氛围中，创业者互相鼓励，积极沟通，哪怕是商业秘密都可以分享交流，有助于创业者少走弯路。

"企业之间会产生很多火花，很多点子都是在这里碰撞出来的。"李治国说。

比如说入驻福地二期的婚礼纪，创始人俞哲曾跟他在福云咖啡聊另外一个项目，当时李治国泼了凉水。后来说起这事，俞哲说，幸亏你泼了凉水，才有后来的婚礼纪。

而李治国觉得最典型的，是亲宝宝的例子。

亲宝宝创始人冯培华跟李治国投过的快的打车CEO吕传伟都是从虹软出来的，而李治国注意到亲宝宝，则是因为朋友李锐——顺为资本的合伙人。

那年，李锐到杭州来找过李治国几次，而亲宝宝就在必经之路上。

李治国这样描述：每次他（指李锐）都是坐电梯上四楼，穿过狭长的过道，走一层再上到五楼的福云咖啡。

在四楼的必经之路上，李锐看到了亲宝宝，因为一直对母婴有兴趣，他推门进去。第一次冯培华不在。大概过了两个月，李锐又来，推门进去，这次遇见了冯培华。

当时的对话是这样——

冯培华说：哎呀，不好意思，创新工场刚刚投了我们一轮。

李锐说：不要紧，那我们投下一轮。

李锐没有食言，大概五个月后，亲宝宝获得顺为资本500万美元的A轮投资。

李治国说，开始的这两轮融资对企业发展所起的作用不可否认。冯培华后来也表示，在福地获得的两轮投资为亲宝宝后来的发展奠定了基础。

被创新工场、顺为资本、复星集团、好未来投资加持的亲宝宝，俨然成为母婴市场的"头号玩家"。

这就是扎堆效应的优势。

通常情况下，同样的创业机会，肯定是北京的团队和项目最容易拿到投资。相比之下，杭州人的项目比较低调，而且投资人来一次也不容易。但是进入园区顺带看个二三十家，机会也许就来了。

李治国想起去旧金山，当时最大的感受是，最多一天大概去了七八家公司，公司与公司之间差不多都是15分钟路程，离得不远。这大大提高了项目和资本对接的效率。

■ 叁
坚信移动互联网的天使投资人

毫不夸张地说，2010年以后走出来的杭州上市公司、独角兽、准独角兽，相当一部分都和福地创业园、福云咖啡或者李治国及其基金的天使投资，有着千丝万缕的联系。

福地创业园三期入驻的企业各有特色和侧重，但一个共同的交叉领域是：移动互联网。

2012年、2013年，移动互联网逐渐明朗。但在2009年、2010年，有些人已经看到了机会，这些人包括创办创新工场的李开复，也包括李治国。

李治国在筹建阿里云时，看到云计算是未来，阿里云的"云"加上口碑网的"端"，让他坚定地相信移动互联网的大潮要起来，移动互联网将渗透到各个行业。

而最终选择做天使投资人，是因为只有做投资才能接触到多个赛道。而且他认为自己在口碑的时候，对资本关注太少，他希望通过做这件事来弄懂资本。

在李治国的投资中，广为人知的投资案例是快的打车、蘑菇街等，天使投资3年间获利数千倍。一战成名的李治国，跟李开复、雷军、龚虹嘉、徐小平一起，成为中国天使会第一批成员。

他投他看好的赛道，比如云计算、人工智能，比如SaaS系统。他这样理解SaaS：SaaS是帮助传统企业抵抗被颠覆，帮助他们提升的。做出了全球最早的扫码点菜killer APP（杀手级应用）的二维火就是他投的。SaaS方向他还投了有赞、博卡（全国最大美容美发SaaS）等企业。

除了看得懂的赛道，他还看重对人的投资。尽管有些人后来做出的东西跟最初说的完全不一样，但他乐意看到更多的惊喜。

比如涂鸦科技的王学集，这个曾被李治国推荐给王坚的阿里云80后同事，创业最初是想做一个照片存储到云端的工具。后来涂鸦改做了智能家居的OS系统，成为IoT（Internet of Things，物联网）领域拥有高市场占有率的独角兽。

比如曾被央视报道过的悬浮式相机"小黑侠"，是斯坦福计算机博士王孟秋的团队做出来的，而最初他找李治国时，描述的则是做餐饮优惠券的模式。

有赞的出现，更是戏剧化。

因为有赞创始人白鸦跟微信张小龙熟，李治国有次托白鸦打听点事，后来就自然地聊到微商SaaS系统，李治国提议白鸦来做，自己投资。

白鸦孝顺，当时想给妈妈做一款老人手机，说你得同意我两个项目都做，你再投我，非要把老人手机做成不可。

李治国的两个合伙人反对，哪有一个创业者同时做两个方向呢？

李治国只好个人投了。"我赌他那件事（指老人机）肯定做不成，做硬件没那么容易，这件事（指电商）很容易起来，如果这件事起来，他就没有时间去想老人机的事情。"

那时有赞还叫"口袋通"，口袋通的域名是李治国给的。事情果然如李治国所料，白鸦每天加班到十一二点，都忙不完，再不提老人手机的事情了。

"大家都知道扎克伯格做Facebook，其实他也同时做了另一个项目，当时也是大学生创业不够专注，后来Facebook起来后，他再也不响了。"

事实证明这个天使投资赌对了，不过当时也确实让李治国好一阵纠结。

创业、投资这么多年，李治国看人有他的一套：第一，要有梦想；第二，要有领导力和执行力；第三，要坚持。

如果达到这些基本标准，李治国还有一个建议：找一个能扎堆的地方创业。即便物理上不能聚，也要经常在社区上聚一聚。他认为创业氛围很重要，如果周围都是好的创业者，会把人的心力提高，思路打开。

肆
If you think you can，you can

李治国来杭州整整20年。这个在创业、投资领域书写了很多传奇的人物，一头短发有点周星驰灰，谈起话来认真、诚恳。

1999年，他22岁。有一天他打开一个关注已久的网站，上面跳出来几句话：If not you, who? If not now, when?

那是阿里巴巴的招聘广告。

10月，他坐着绿皮火车来了杭州。他记得车上没多少人，60多元的火车票后来还报销了。

作为阿里巴巴46号员工，他留了下来。他是为数不多的在湖畔花园工作过的阿里巴巴元老。

来杭州前他在河南郑州做外贸，因为兴趣，那时他已经在当地做出了小有名气的网站"中华商贸港"。

他谦虚地说，来阿里巴巴是运气。事实上，不少应聘者看到公司在小区里，扭头就走了。

如果非要追问个中原因，他的判断基于两点：他一直以为这个专业的网站是外国人做的，没想到竟然在杭州。他写了一封信，收到"十八罗汉"之一蒋芳的回复，"有这么长。很用心。"他双手往两边一抻，做了个手势。

李治国坦陈，马云对他的影响最大，阿里的经历给了他很大的信心。

曾经有好长时间，他挂在嘴上的一句slogan是：If you think you can, you can!（如果你认为你能，你就能！）

在阿里，他主导开发了阿里最重要的产品之一"诚信通"。2004年，他离职创立口碑网；2008年，他带着口碑网重回阿里巴巴，之后协助王坚博士筹建阿里云；2010年，成为天使投资人；2013年，他全职加入他投资的项目挖财。

在公司，同事直呼他的花名"海贝"——历史上最早的货币，不过他的微信账号和QQ昵称都有"姜子牙"的痕迹——那是他在阿里的花名。

他说，不管哪个阶段哪种身份，他自己都挺喜欢的。

在福地创业园的运作中，李治国说他起的是点火的作用。让他欣慰的是，股东之间的辐射效应，福云咖啡的辐射效应，创业者之间的辐射效应，无处不在。

比如说当初随机凑起来的6个股东，每个人都走在创新创业的路上，大家互相影响，每个人都在往外面长。

福地从1.0发展到了4.0。股东之一、网银互联CEO何洪忠，至少又做了两个园区。

时空电动董事长陈峰，来自移动，最早不是这个圈子的，进来以后，他把电动车跟互联网结合，跟滴滴挂上钩，企业越做越大。

袁震星正努力带领网营科技走向上市之路，另外两个股东也在做投资，做基金。

"你问杭州出来的创业者，他就算没在福地待过，肯定也跟这帮人接触过，或者去过福云咖啡。"

李治国分析说，为什么好公司能扎堆福地？因为他们了解创业者的需要，能营造创业的氛围，提供有效的帮助，相比物业经验，对创业者的认可和服务才更重要。

他同样看好未来科技城、梦想小镇等创业园区的未来前景，同类人集聚到一起，能够互相影响，共同成长。他希望更多的人能参与进来，更多的投资，更多的聚会，更多的创业福地，让创业者聚在一起。

而他自己，他希望把公司做好，将来有一天能再去做投资，那时的自己应该有一定的运营能力、并购能力，关注中后期投资，而不是纯做天使。

——在这方面，高瓴资本收购百丽鞋业，巴西的3G资本控股百威、汉堡王、亨氏等，都是很好的例子。

这样的投资要求投资者必须要认清企业的规律，即便换个团队进去，也可以把企业做得更好。这样的投资可以很好地帮助企业。

这是投资的最高境界，也是他梦想里追求的方向。

因为，他喜欢创业，喜欢跟创业者打交道，因为他的身体里天生流着创业的血液。

那种"diao"的人和文字，
对他的胃口。

盈动资本创始人

在杭州创投圈，盈动资本创始人项建标显得有点与众不同。他是圈内读书最多的投资人之一，写得一手漂亮文章，又擅于把自己的思考输出到场面沸腾的演讲中。

比如说他能从阿姆斯特丹的城市崛起、佛罗伦萨文艺复兴的历史中总结出创新规律和效应；看个世界杯，他都能把足球和创业联系起来，进而做一场名为"创业的安娜·卡列尼娜原则"的演讲。

听过项建标公开演讲的人，很难不被他的魅力所吸引。这位谈吐举止中透出一种桀骜锋利的文艺中年，他身上兼具读书人的智慧和投资人的理性。

盈动资本跟他一样，个性鲜明，出手不凡。成立至今，盈动已投资了51信用卡、开始吧、小电科技、别样红、人人视频、亿欧网在内的一批行业领先企业。盈动系公司这几年备受关注，动辄以10家左右的数量入围"杭州独角兽和准独角兽企业榜单"。

项建标是天使投资人，他和他的盈动资本致力于寻找那些心怀崇高而热切的愿望、有企业家精神的早期创业者，就如他们的slogan：只投我们想要的世界。

▌ 壹
跟自己死磕

媒体上能看到的项建标的照片，有两张令人印象深刻。一张是他坐在直升机上，望向窗外的蓝天。还有一张，就那么坐着，胳膊松松垮垮交叉放在膝盖上，眼神孤独而不羁，有几分像年轻时的窦唯。

项建标在媒体上曝光率不算低，但多数时候都是在说别人：有时作为业内人士谈看法，有时作为评审给建议，有时还会在创业CEO的专访中出镜。

项建标说话时语速中等，很清晰，爱用简短的词语，他经常会说"是"，或者"必须"。

有种不容置疑的肯定。有对语汇的珍惜，也许还会有一点跟陌生来访者保持的距离感。

我想，他应该是那种遇到对的人能聊上三天三夜，话不投机时半句都嫌多的人。

本科读中文，然后到加拿大读了ＭＢＡ，商业和文字在项建标这里有了很好的结合。结合的一个硕果，是发起了国内知名创投媒体"B座12楼"。

项建标喜欢写东西，工作之余会写写投资心得、项目分析、读书电影笔记等。有次他写了篇投资感悟，被改名成《投资应该是人生的最后一份职业》，在微博和微信上疯转，但没有一篇署名的。郁闷之余，就动了自己搞个微信公众号的念头。

于是2013年3月25日，"B座12楼"正式创建。起这个名称是因为公司当时的办公室在一幢楼的B座12楼。

在《互联网思维到底是什么》一书中，项建标在序中写道：以前做投资，接触的互联网项目也很多，但终究是站在门外看门内。这次创办"B座12楼"的经历，却让我们切身感受到了互联网的力量，尤其是移动互联网对生活和商业的巨大影响。

那一年，也堪称神奇。白天看项目，晚上写文章，周末搞沙龙，节奏非常疯狂。几个创始人亲自写推文，几乎天天有更新，哪怕是到西藏旅行，都要找个网吧把当天的内容发出去。

要是在以前，可能无法想象，几个投资人可以亲手经营一个媒体。但是他们做到了。

通过分享在投资一线的感悟，"B座12楼"开创国内先河，迅速在全国范围内汇聚了大量的创业者粉丝。

不光推文点击量高，沙龙和分享也都人气很旺。快的打车创始人陈伟星等牛人，都到B座12楼做过"微分享"嘉宾。每周一期的"无界沙龙"，甚至吸引了洛阳市的副市长过来听。

有个被用滥的词，我很不喜欢，但用在几年前的他们身上，再合适不过。他们在和自己"死磕"，在内容上和自己"死磕"，在态度上和自己"死磕"。

因为死磕，他们"从籍籍无名的投资人，变成了创业投资界小有影响的自媒体人"。

到了2015年，盈动和B座12楼的名气就更大了。那年夏天，他们在杭州市文创办的指导下，联合承办了第一届"寻找杭州文创新势力"活动。那年年底，他们又联合行周末，举行第二届杭州创新力人物盛典。这两个活动，影响了大半个杭州创业投资圈。

项建标对文字的挑剔和死磕，也在活动中展露无遗。

杭州市文创协会常务秘书长汪君玮记得，"寻找杭州文创新势力"的发起文字，项建标认为一定要写得逼格高，要能一炮打响。那篇文字团队改了很多稿，他都不满意，最后亲自操刀，洋洋洒洒写就一篇《杭州离一座伟大的城市还有多远？》。

从B座12楼开始，项建标在人才培养上花了很多功夫。他用价值观的输出和细节的规定，来不断磨砺团队，甚至亲力亲为修改文章。或许正因如此，他手下走出了很多个性鲜明、能写能思考的投资人。

那种"牛逼"的，"diao"的人和文字，对他的胃口。

哪怕是在招聘一个"不合时宜"的投资人时，他都要用这样的文字：

"这人是一副元气淋漓的样子，习惯用鼻孔看人，冷不丁冒出来的话可以噎死一只海象。"

在读这样的文字，写这样的文字的时候，我猜，这个文艺男中年的心里，一定有种颠覆传统的快感。

▌贰
投，还是不投？

2014年4月，当项建标等人所著的《互联网思维》出版的时候，盈动投资的51信用卡正处于关键的探索期，开始众筹也还没创建。

但是互联网的思维，已经在影响和改变着世界。

盈动投的近100家企业，都是跟互联网有关的。"中国是被互联网驮着的国家，互联网要把中国所有产业重新做一遍。"项建标说。

开始众筹COO桂斌，对项建标的印象是很文艺，后者说过的一句话令他至今印象深刻："商业像水，无声无息地改变着世界。"

互联网时代商业对世界的改变，项建标在《互联网思维》一书中列举了很多案例。

这本13个月内印刷10次，在当当网上有6000多个好评的书，现在读来仍没有丝毫违和感。

做创投十年，他的投资逻辑在实战中也用得越来越娴熟。

逻辑有很多，别人可能就几条赛道，他这里会有20多条赛道，他把赛道分得很细。实操中怎么做？他的观点是"重反应，轻预测"。

当某个苗头出现的时候，马上去反馈，迅速做出决策。事实上，现在整个产业的底层逻辑，整个商业的变化，被他称为"板块裂动"。变化层出不穷，预测是没用的，倏忽之间，这个事情就过了。

所以要想抓住机会，反应一定要快。这时要"事为先，人为重"。比如说订阅消费出来了，哇，不错，势头很猛，马上找对标。一圈下来，全国有8个团队在做，8个团队马上理一遍，找到最好的那个，投下去。

在租赁消费领域投资机蜜，用的就是这种方法。因为他们分析，以租代售会成为未来一个趋势。

投资不是一夕之功。项建标说，做投资人，要修炼自己的宏观视野，要有上帝视角。"你站在山顶上，看演变的趋势，你要获得这样的视角。这是投资人的境界。"

汪君玮眼里，项建标对赛道的判断和把握敏锐而准确，难能可贵的是，他投资的很多项目都希望改造生活，他是个"有温度的投资人"。

"我们想要的世界，是由市场经济主导的世界，同时它是个相信互联网的世界。"项建标说。

为什么推崇互联网？因为"开放、平等、协作、分享"的互联网精神，是原来的传统社会结构当中没有的，而商业本该如此。项建标希望用商业的方式去推进这种思维方式。

"实际上资本的力量是非常大的，它其实做了个选择，你选择什么样的人，你选择个坑蒙拐骗的人，他赚了很多钱，还是用互联网阳光透明的方式，在推动社会进步的过程中赚到钱，你支持谁？我是很相信资本是有价值观的。"

虽然每天都处在"投，还是不投"的哈姆雷特式焦虑中，但每笔资金投下去的时候，他说还是蛮幸福的，"你觉得你想要的世界多了块砖头，推动了一点点。"

当然也有投资者"任性"的时候，"我希望我们的企业都是干干净净赚钱，我能忍受失败，但不能忍受企业作恶，你不行我就不投你。滚！"

叁
除了读书，
还有什么方法能让你变得牛逼？

年轻时项建标喜欢玩户外，熟识的人都叫他"大象"，这个名字一叫十多年，他喜欢别人这样称呼他。他说自己喜欢"大象""B座12楼"这种原本无意义的词语，一个代号而已。

他开过酒吧，喜欢看电影，喜欢旅游，出去玩时他会手插裤兜拍又冷又酷的黑白照，他会在初秋的下午到朋友店里喝一杯咖啡，听听维瓦尔第，他还会跟100万年轻人一起深夜追更"夜行者罪案调查故事"。

丰盛的人生不需要太多索求，他说幸福是由点点滴滴的小确幸带来的。

不过最喜欢的事，还是读书。

采访那天，他的桌上放着四本书：《理解未来的7个原则》《上帝的错觉》《高手》和《跳着踢踏舞去上班》。最后一本是2017年11月才出版的关于巴菲特箴言的书。

巴菲特的书，出来一本，他都要买来读，巴菲特说过的话他能信手拈来。但问到他最欣赏的人，却是巴菲特的搭档芒格。

"芒格，芒格，"他连说两遍来强调这个名字，"他是个知行合一的人，既是个学者，又是个伟大的投资者，他儿子说他是'两脚书柜'。他就像中国的士大夫一样，有种士人精神。"

在众多的书中，他与米塞斯、德鲁克、哈耶克等人相遇，他把从他们那里学到的转化成自己的理解和认知，然后恰当地输出到谈论或是自己的著作中。

他有很多书，一个藏书管理软件上，他家的藏书在西湖区排名第11位。某年年底他列的一份书单更是震住了周围人：一年时间他读了40多本书。

他的阅读量让不少人包括我感到压力，这时他却表现出谦虚的一面："一无所长，唯有读书。不算多嘛，读得太少了，不够。"

公司一年要见4000多名创业者，最终推到他面前的有几百位，工作量大，还要留点时间给文艺和旅游，那么多书是怎么读的？

"零零碎碎时间吧，闲了就读。但不读书是不可以的。"

他办公室书架上的书，随手一翻，书页上的标注都清晰可见，所谓"不动笔墨不读书"，这是位真正的读书人。

不光读，还记笔记。看到的，能够想到的东西，都记下来。

手机备忘录上——

"哪有胜利可言？挺住就是一切。"

发现原话是里尔克说的，赶快记下来。

"人的智商呈正态分布，但成就是幂率分布，这是不对称的。"

有道理，也赶快记下来。

有道云笔记上，他分门别类记了"投资感悟""有道好文"等，每本书读过，他都要记笔记。

这才是读书最有效的方法，也是一般人不容易坚持的好习惯。

他的读书心得，听来都是金句。

——投资是认知最大的红利。

——除了读书，还有什么方法能让你变得牛逼？

你能不能用概率的思维去看待万事万物？你能不能用大数据的思维方式？它是相关的，不是因果的。相关性的思维方式，演化的思维方式，很多观念性的变革，不读书就认识不到。

"现在信息都差不多了，不一样了，谁认知厉害谁牛逼。《教父》讲过一句话，能在一秒内把事情看透的人，和半天也搞不清楚本质的人，他们的命运是不太一样的。"

项建标说，认知对做投资显得更加重要。因为投资是一个选择的游戏，是不确定世界的概率博弈，希望认知可以提升概率。

"有错过吗？"

"必须呀。谁没错过？陈伟星我就没投他。"面对我的疑惑，他又补充一句，"那会认知能力太差，思维不够嘛。"

如此坦率。

多数时候，项建标给人的感觉是个理性的、严肃的、说话很有哲理的人。偶尔，他会表现他"愤青"的一面。

有个周末他遇到一些教授，对有些问题的谈论他表示不能同意，扭头发了一条微信：不小心混到学界和他们讨论问题，失望透顶。怀疑他们平常有没有我读书多啊。

"不怕被他们看到？"

"看到我也不在乎。"他给我看他的朋友圈点赞和评论，支持他的人一大串。

听项建标讲课，肯定是件有意思的事。事实上，他给浙大学子做过几场演讲，反响很不错。"我会让他们脑洞大开的。"

偶尔也会表达对底层小人物的关注。他转过一条微信，只配了一个流泪的表情，点开来，那是关于成都春熙路上靠拾荒养活一家老小的口袋婆婆的故事。

做创投前项建标做过广告，还有过很短暂的媒体工作经历，找到投资这份人生最后一份职业，他觉得跟自己最契合。

投资的好处是什么？你可以博览群书，变成个学者，又可以赚到钱，改变社会，推动社会进步。这是最大的幸福。

"我希望自己跟芒格一样。"项建标说。

这个喜欢李白、北岛的 CEO，
他说人这一生，
是寻找自我的过程，
他确信自己适合做投资者。

天使湾创投 创始人、CEO

坐在对面的庞小伟，和站在演讲台上的庞小伟很有些不同，台上的那个他，数据和图表在握，演讲头头是道，理性、严谨、逻辑性强，是个自带威严的CEO。面前的这个他，低调、温和、语速略慢，更像个文化人。

这个喜欢写诗的CEO，创过业，现在是有名的投资人。很多人用过的三维地图E都市是他曾创业过的项目。360doc、下厨房、洋码头、大姨吗、扇贝网、邻汇吧、垂衣、壹基因、LifeSmart等都是公司的投资杰作。要么名噪一时，要么风头正劲。

自从2010年创办天使湾后，天使投资人庞小伟和他的天使湾就是投资圈闪耀的星：2012年他被《创业家》杂志社评为十大新锐天使投资人之一；2017年，天使湾被评为浙江十强天使投资机构，入选中国早期投资机构30强。

天使湾管理的基金，满五年的，账面回报都在十倍以上。

饶是这样，在说到天使湾时，庞小伟还是表现出一贯的谦虚：说实话，还是个很小的机构，还在学习中。

同事说，谦虚的人，具有非常强的自我认知能力。

庞小伟就是这样一个人。

壹
取代BP的8个问题

冬日的一个午后，从名为"facebook"的天使湾会议室望出去，窗外的西溪湿地幽静、美丽，墙上一句话引人注目：除非世界如我所愿。

这句天使湾的slogan，像是说了一半的话。在诗人庞小伟看来，这句话具有典型的诗歌韵味，让人忍不住展开联想。

到2017年底，这家机构共投了180多个项目，其中三分之二表现很好。

跟其他创投机构不同，天使湾是国内唯一不需要看BP（商业计划书）的投资机构。创业者只要回答了他们的8个问题，就可以在100个小时内得到答复。不拖延不沉寂，4天时间就可以及时反馈创业者，把时间成本压到最低。

最早是19个问题，后来12个，再到8个。问题看起来都很放松，项目是做什么的，几个人创业，之前投进去多少钱，背后的逻辑中实际隐含了丰富的内容。

比如第5个问题中，问到创始团队现在谁是兼职的？何时能全职？如果很多人都是兼职的，说明本质上还没有为创业做好准备。

每年有2万多个项目出现在天使湾面前，通过8个问题，可以淘汰掉其中的90%，剩下的通过约谈、尽调等再从中选择，最终会投资40个左右的项目。

投资的项目基本是互联网相关项目，庞小伟把他们的投资称为愿景式投资，什么意思呢？除了财务梦想外，还抱有"改变什么东西，创造什么东西，解决什么问题"的想法和愿景。

除了8个问题，投资条款也开源在天使湾网站上，创业者可以看到未来签的协议是什么样的。与众不同的做法，平等的环境，天使湾希望跟心怀愿景的创业者一起，为这个世界做些改变。

在谈到项目的选择时，我的同事邵双平跟庞小伟——两个同龄人，有了有趣而友好的碰撞。

庞小伟的投资理念里，伟大的财务回报来自更宏大的社会价值。他以寿司之神和星巴克为例来说明：寿司之神一生致力于把寿司捏得完美，捏到10分，还想捏11分，无止境地追求。我非常想吃他的寿司，但我有可能吃不到。

而星巴克的一杯咖啡，放弃做到10分，争取做到8分，为了能给杭州的人喝，给巴黎的人喝，给东京的人喝，这样就可以流传世上。当一个好东西，给到千千万万人的时候，就是社会价值。

同事说："寿司之神无法复制自己，但他有和星巴克不一样的价值。"

庞小伟说："这是两种思维，一种是企业家思维，一种是匠人思维，都重要。但毫无疑问，寿司之神不需要我的投资。他要的是更加精确的手。我给他十万也好，一亿也好，没有意义。"

谈到投资"禁区"，庞小伟说："如果没有创造新的正向的社会价值，我们是不投的。游戏不投。我觉得游戏属于消耗，没有产生新的社会价值，就是爽了一下。"

同事"反驳"："但游戏给了人快乐呀。"并引用了一个观点——他说唐诗宋词元曲清小说，每个时代都有不同的文化，比如这个时代出现了手机游戏，手游就好比是戏剧一样，你可以被代入一个戏剧的场景，代入一段虚拟的历史，"当然，过于沉迷是不好的，任何东西极端了都是不好的"。

"我们可能也不一定对，我们也在反思，这方面缺乏投资能力。"温和谦逊如庞小伟，并没有竭力证明自己的正确。

贰
投资的第一性，是以绿叶为主

天使湾公司墙上，挂着很多他们引以为豪的项目名称：下厨房、扇贝、洋码头、嗒嗒巴士、小恩爱等。

根据马斯克的第一性原理，庞小伟认为，投资的第一性，是以绿叶为主。创业者是红花，是主角。

有个有趣的故事，说有一回他在上海办事，完了发现面前就是跨境电商洋码头的办公所在地，心血来潮想去看看项目。结果员工没有认出他，他站在前台好半天，CEO把电话掐了，CTO抬头示意没空，COO打个照面就去忙了。

转了一圈没人理他，带着一点点失落，更多的是开心，庞小伟心满意足地走了。

庞小伟不止一次地说过，他崇尚野生野长。

为了让创业者控股，天使湾的自我设限是绝对不超过25%。曾经有个创业团队在天使湾上申请项目需要一笔启动资金，告诉他们可以给30%的股份。最后天使湾投了相同的钱，但只要了25%的股份。

这就是庞小伟认为的融资过程中需要有的合伙人心态，要保证在做成的状况下创始人没有怨气。

阿里巴巴曾让雅虎拿走40%的股份，他自己之前的某一次热气腾腾的创业，最后也被投资人控股，这些教训让他在做投资时有清晰的理念：一家公司只有一朵红花，那就是创始人，投资人都是绿叶。

"创业者不希望某天早上醒来，门口站着一个野蛮人。"

不过尽管说是绿叶，不喜欢对企业指手画脚，天使湾还是为创业者提供了不少的资源。每年两季观潮会，把具备A轮融资条件的项目和A轮投资者邀请在一起，还有专门面向CEO的天使湾APP，提供超级人脉网络数据库。

专注于天使投资领域，离创业者最近，也最能理解创业者，就仿佛在咬甘蔗的底部，很辛苦，但是比较甜。当创业者处在煎熬中，天使成了理解和陪伴的教练。

"唯有美食与爱不可辜负"的下厨房，是我和很多朋友做菜都要用到的APP，拥有千万用户，领跑行业。2012年冬天，这个前景光明的项目却面临生死绝境。

当时天使湾的天使投资已有一年，新的融资还没有进来，团队压力非常大。庞小伟专程飞到北京，在奥林匹克公园购物中心的肯德基店里，他和下厨房的创始人Tony聊天，他感觉到对方情绪的低沉。

回来后他写了一封语气诚恳的信给他，帮助分析后者在业界具有的强竞争力，并给出面对困境应该采取的措施建议，试图给后者信心和勇气。

这封信之后不久，天使湾对下厨房追加了投资，Tony也迅速恢复了创业状态，经过B轮3000万美元的融资后，下厨房于2016年成为家庭美食第一入口。

庞小伟说，作为投资人，希望在绿叶上面，红花开出来。当理想主义遭遇残酷的现实，投资人和创业者在其中可以心心相印，他只是想告诉自己和创业者，要记得初心，相信美好事物的终胜之日。

■ 叁
我的根在天使投资

庞小伟给人的印象，是低调而寡言。但那天下午，他谈兴渐浓。

本来约好一小时的采访时间，后来采访好像变得不是采访，而是一次讨论。因为信仰、价值观方面的探讨，愉快地延长到了两个半小时。

李治国做天使投资，做着做着却成了挖财CEO，你以后会去做CEO吗？天使投资人王刚，也在运满满和货车帮合并后做了CEO了，你会去做吗？如果一个合适的机会放在你面前，你会去做吗？

"我不会，我肯定是以投资为生。我很确信我是投资者。"

那天下午，同一个问题以不同方式问了他三次，他态度坚决地回应了三遍。

庞小伟说，人这一生，是寻找自我的过程。他确信自己更适合做投资者。

天使湾有个"天使在夜间"的内部分享活动，有一次同事在分享中提到"根道果"，他猛然意识到他的根在投资这件事情上。

一是自己的个性更适应做投资，他自认是个温和的人，少些创业者该有的侵略性和霸气；二是他热爱创业。

热爱创业，就意味着接受风险，接受失败，接受亏损，接受难堪。所以即便自己不做创业者，也要用资本的力量支持优秀的创业者。

做投资之前，庞小伟有10年创业经历，他曾希望自己成为一流的创业者。

2000年，在省兴合集团工作了一年多的庞小伟，创办了联商网，一个面向零售业的网站。说来有意思，在兴合集团，他曾跟杭州另一位创投界大佬宗佩民面对面坐了一年，后者于2002年辞职投身创投界。两位老同事在投资方面的交流自不会少。

联商网做到第5年，庞小伟有点沉不住气了，公司是盈利的，但是跟创立时间差不多的阿里巴巴相比，他觉得有点惨。于是开始寻找新的方向，遇到了到处找钱的孙海涛。

那时庞小伟32岁，孙海涛24岁，"眼神干净，敢于做梦"的孙海涛打动了庞小伟，两人一拍即合，庞小伟带着钱和人，跟孙海涛合伙做起了E都市。

5年后两人离开E都市，庞小伟做了投资，孙海涛继续创业。孙海涛创业7次，庞小伟投过其中2次。

孙海涛第7次创业时，做出了牛逼闪闪的独角兽51信用卡。不过，这一次庞小伟没有投。

说到孙海涛，庞小伟对这个前合伙人依然欣赏，两人目前还经常保持联系和沟通。

"他是一个性情中人，更丰富多彩，更外向，他就是一个非常典型的创业者。"

不管是曾经的创业经历，还是现在做的天使投资，都离创业者如此之近。庞小伟对企业家的理解也很独特："企业家的真正使命是改变世界，让这个世界变得更加美好，赚钱将服务于此。"

因为热爱创业，所以支持一批又一批的创业者，见证他们从各个角度出发建设新世界，所以天使湾的企业文化，最核心的那条就印在前台：创投务必让世界更美好。

肆
坚定的互联网信仰

天使湾的路演厅，有点苏州诚品书店的味道，台阶向上一直通往楼顶露台，两边贴墙而立的是高大的书架，一边放书，一边摆着投过的项目牌子。个别项目已经不存在了，标志牌都还在。

这些项目标志牌记载着这些年的收获，或者说创业者给的教育。

一类收获，是看得见的财务回报；另一类收获，是一些认知，甚至教训。比如说创投初期，公司曾用10%的钱投了15个种子项目，只有一个活下来了。

庞小伟不回避，心态平和，善于从各种事情中总结学习。不过他认定的事情，通常都坚定无比。

本科在上海交大读工科，毕业的时候本来应该到省电力公司工作，可是他否定了这条常人看来不错的路。哥姐嫂子都在萧山一家变压器厂工作，没什么不好，可是他希望自己有另外的可能性。

合理违约，唯一的办法只有考研，而且必须考上。经过几个月时间准备，他顺利考上了杭州商学院的企业管理研究生。因为他觉得自己对商业感兴趣。

工作时，互联网刚刚兴起，他觉得这个东西好，一天到晚给领导写报告，最后被他折腾出一个联商网。可以说，他是中国最早被互联网吸引的一批人之一。

直到10多年后，他都对互联网热度不减，在一次媒体采访中，他说："我认为全球互联网的发展和应用依旧处于萌芽状态，互联网对人类社会的发展将起到重大推动作用，绝大多数人都低估了她的力量。"

他对互联网有多热衷，多信任，他把互联网研究得有多通透？关于几年前的一次"解密"，可以看出当移动互联时代到来时，他对互联网的把脉之精准。

扇贝网创始人王捷在2017年的一次分享中，经过许可，把当初绝对保密的一封邮件公布了出来。那是庞小伟第一次给天使湾投资项目的CEO们写的邮件。

在2012年7月4日发出的这封邮件里，庞小伟用连续的感叹号和标红，言辞激烈地谈了他的观点，那封邮件的主题是"我对移动互联网的看法！！务必细看！！"

邮件中，他条分缕析，用醒目的红色字体亮出他的观点：移动互联网市场在未来3年完成布局，历史性机遇已经来临，所有团队要尽快进入互联网。移动互联网的用户冰山会在未来3年内上浮，并且令人叹为观止。

现在看来无比正确的事实，在那个时候，就是一个伟大的预言。

读了那封邮件，当时处在迷茫中的扇贝网坚定了移动互联网的发展方向，事实证明这一步非常正确。扇贝网拥有高活跃度的7000多万用户，曾多次与网易公开课、知乎、TED等，一起被评选为最受用户欢迎的网络学习平台。

在人前谦虚低调的庞小伟，就是个深藏不露的武林高手。

这位坚定的互联网高手说：我们愿意和心怀愿景和梦想的创业者，用互联网的精神和方法，对社会发展的重大问题提出解决和改善之道。天使湾，为此而生。

伍
少数派阿迪

写诗的时候，内部分享会的时候，庞小伟会用到一个名字"阿迪"，他的微信名称前缀也是英文名Aldi。他为自己取这个笔名，是因为他是德国零售传奇Aldi的粉丝。

做联商网的时候，庞小伟研究零售业，2002年，德国著名的零售商阿迪超市给了他惊喜的发现。这家全球拥有8000多家连锁门店的超市，似乎不按常理出牌，超市开在偏远地方，门店面积不大，沃尔玛一个门店的单品可能超过20万，他只准备500个，所做一切都是为了降低成本。成本降下来，顾客就能买到更便宜的东西。

阿迪超市的很多做法都是在对MBA课堂说"不"，但他却击败了沃尔玛。创始两兄弟的财富加起来超过比尔·盖茨，但从不随意花费，不接受媒体采访，如果光线够亮，会议室的灯都要关掉。

在传奇故事里，阿迪超市最大的特点是把物美价廉做到极致。庞小伟说，这种朴素的价值观令他敬畏。阿迪公司对管理的无为而治，也被庞小伟活用到工作中。

很多创业者从庞小伟这里了解到传奇的阿迪超市，庞小伟也十数年如一日地欣赏阿迪，但远在德国的阿迪总部，庞小伟却素未谋面。

因为他不喜欢旅游。唯一一次出国，是2017年因为工作去了一趟夏威夷。庞小伟说自己是个无趣的人，不打牌不喝酒不旅游，就喜欢写写诗，他认为文学是超脱于现实世界的东西，写诗仿佛是跟上天对话，可以净化心灵。

中学时开始写诗的庞小伟，在上海交大读书时是白岩诗社的社长。这个喜欢李白、海子、北岛的诗人，工作后依然喜欢写诗，但是并没有混杭州哪一个诗人圈。

他把他的诗和文字结集成一本不断迭代的开源书籍《少数派》，免费放在网络上，打印下来就能看。每年或几年他会把他的诗歌迭代——创业中的概念被他用在感性的诗歌中——哪怕一个标点符号，哪怕一个字眼，他都会一遍遍修改，对应行进中的生命和变化着的况味。

目前已更新到 4.0 版本的《少数派》中，文字是书中另一部分重要内容，来自他的随笔和演讲。起名《少数派》，是因为"企业家精神是世界上非常稀缺的资源，他们永远是少数派，内心充满孤独"。创业者是少数派，天使湾是少数派，他也愿意当一片绿叶，一个少数派。

这本写给创业者的电子书，干货满满，很多创业者一口气读完，也有创业者把它作为反复阅读的宝典。

而对于其他读者，书中谈到财富的本质，谈到生命的意义，谈到幸福的真相，更像是一本人生的哲学书。

90 页的集子，我看了整整两天。我在那些诗句和文字中触摸到他的感悟和创业的力量，也在思考中寻找着自己的人生答案。

在他的书里，能看到这样的句子："万物各自花开，终究皆有联系；诗歌或间铜味，而投资亦藏优美。"也能看到出现最多的一个词——敬畏，敬畏朴素的价值观，敬畏一切创新，敬畏概率。

庞小伟说，什么是敬畏？对客观的尊重，对变化的尊重，还有对那些平凡的、朴素的部分的尊重。

他认为每个人都是一朵花，我们都应该找到一块土壤，让我们的生命之花尽情开放。做事修人，人生的修行，就是向上的斐波纳契曲线，一边旋转，一边成长，其中隐藏着最美丽的黄金比例。

在一首题为《棉布》的诗中，他用棉布来指时间，描述人生的修行。

我们洗濯 晾晒 平整

棉布们

一层层铺陈

缓慢地叠高

更缓慢地化变

终成世界之枪或功夫巅峰

这个不混杭州诗人圈的诗人，这个没见过偶像的粉丝，这个温和的 CEO，坚定地写着他的诗，坚守着他的理念和信仰，怀着内心的敬畏，走着他不随波逐流的路。

·追风·

贰

天地间任我展翅高飞

谁说那是天真的预言

风中挥舞狂乱的双手

写下灿烂的诗篇

——Beyond《光辉岁月》普通话版

23 岁开始创业的他，
选择从阿里巴巴出发的地方出发，
梦想成为世界 500 强。

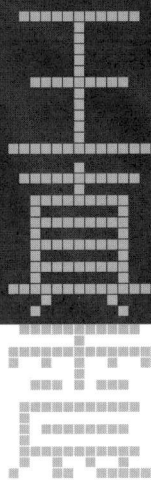

王真

信网真 创始人、CEO

信网真王真震　DT时代先行者

2015年夏天，王真震带着他的信网真做了一件事：热热闹闹举办了四周年庆典，然后把公司从杭州市区搬到了滨江。搬家的时候，他想到了曾经轰动杭州的阿里巴巴阿牛过江。

公司从华星科技大厦——阿里巴巴出发的地方，搬到了钱塘江对岸，新址离阿里巴巴滨江园区只有3分钟车程。

那天，一群年轻人穿着胸前印有蚂蚁形象的T恤衫，意气风发过了江。他们觉得自己就像蚂蚁，看似微不足道，却能一点点撼动大山。

一件装进相框的蚂蚁纪念衫，现在就悬挂在公司的大开间墙上，上面有20多个员工签名。

当时的信网真，成立时间不是很长，但在圈内已小有名气，云计算、信息安全、大数据是他们的三个拿手好戏。

作为一名创业者，王真震信奉一点风水学。从阿里巴巴旧址到阿里巴巴"身边"，他希望信网真也能干出一番名堂。"杭州诞生了阿里巴巴等巨鳄，信息经济发展也走在全国前列，我一定要在这里分得一杯羹！"

提振士气的举动，为他们带来不错的"运气"。在获得的众多荣誉中，公司被国家软件公共服务平台评为"2016年度中国大数据行业领军企业"，和绿城、蚂蚁金服等一起被杭州市评为2016年度"现代服务业先进企业"，入选首批"浙江数字经济新锐企业样本"，王真震还被中国首席数据官联盟列为"影响中国大数据产业进程100人"，并陆续荣获"2018年度新锐杭商""2019行业信息化领军人物""2019年度杭州市十佳青年科技创新能手"等称号。

壹
创业第一年，他打动了"IT界的鼻祖"思科

王真震说话时语调平和，不疾不徐，即便是费口舌向小白记者解释大数据问题，语言、手势、电脑一起上，他也是极其耐心，音调不曾提高一丁点。

跟他出生于1988年的年龄相比，似乎有点成熟了。

在他麾下，有一些激情燃烧的年轻人，也有一些经验丰富的管理者。后者大都比他年龄大，是他上门"挖"过来的。他们中有人来自大型国企，有人来自金融部门。

问他凭什么说服别人跟他走，他说，其实IT人心里都有一团火焰，就看谁把火焰点燃了。

王真震确实有点燃火焰的能力。从小到大他都是学生会干部，小学五年级主持过1000多人的晚会，上学时组织足球、篮球比赛，经常"一呼百应"。

他自己的火焰，是他在杭电读计算机时的梦想：如果能做一款颠覆性的产品代表中国走向全球，一定很酷。

怀着类似梦想的人一定不少，但能把心动变成行动，并坚持下去的人，肯定不多。王真震说，更重要的，是创业的过程。

跟大多数创业故事的开头一样，他拒绝月薪5000元的工作而选择创业，遭到了家里所有人反对。

"全力以赴后若失败了，大不了回去再打工嘛。"血气方刚的年轻人，其实想过"退路"。

2011年6月，公司注册成立。23岁的王真震和五个小伙伴一起，开始在这片互联网热土上闯荡。

公司取名"信网真"（INT），"信"，代表信息（Information），是公司所属的行业，也代表信任。"网真"（TelePresence），是一种前沿的技术，能使远隔千山万水的人们获得"面对面"交流体验，合起来意思是"相信前沿的技术"。

"前沿的技术"，是公司发展中一直围绕的核心，是帮他们从无名小卒杀出重围的重要法宝。后来有朋友开玩笑说：信网真，得永生。

刚创业那一年，最苦，最难。为了省钱，王真震租住在小和山农民房，每天早晚挤公交车上下班。经常晚上回去后，累得倒在床上就睡着了。因为创业压力大，经常会在凌晨三四点钟突然醒来，想到工作，再也无法入睡。

公司却设立在文三路上的华星科技大厦——阿里巴巴出发的地方。王真震说："自己艰苦一些不要紧，公司的办公环境和场面必须要过得去。"再艰难的现状都不能阻止年轻人的热忱，80后的特点在他身上很鲜明。

公司最早做网络解决方案。这个行业里高手如云，竞争激烈。没办法拼资质，拼资源，只能拼学习。年轻人学习能力强，什么技术前沿学什么。比如云计算一来，他们就赶

快学，很快学会了。把最新的技术应用到解决方案里，能比人家领先"一步、半步"。

但毕竟公司刚成立，外部质疑声不绝于耳。"公司太小，随时都会倒闭""团队太年轻，没项目经验""80后做事情不靠谱"……面对质疑，王真震不急不躁，反而激起他更强的斗志。"我们要用业绩证明自己。"

公司接的第一笔大单，是在萧山郊区。为了谈成这笔业务，王真震坐公交，换大巴，搭摩的，一去就是一整天。每次他带着新方案，一个细节一个细节抠，哪里可以用上新技术，哪里可以做得更完善，总给客户带去方案上的创新惊喜。这样折腾了十多次，终于谈成了合作。

"别人可能两三次就放弃了，我脸皮厚，软磨硬泡。"

路，就是这样开拓出来的。

作为一家小公司，第一年，他们还跟全球领先的网络解决方案供应商思科有了合作，"IT界的鼻祖啊。"王真震这样介绍思科。

对思科这样的巨头公司来说，每年都会跟很多大大小小的公司合作，只不过王真震把最基础的合作变成了"机遇"。

因为学习能力强，能把思科最新的技术转化出去，这些年轻人引起了思科的关注和信任。

2011年11月，成立才5个月的信网真搞了首届企业网络峰会，请来了思科和深信服，并获得了它们的赞助。后者是国内规模最大的网络设备安全厂商之一。会议地点设在世贸，非常"高大上"，吸引了业内近100家企业与会。

这次峰会，助力信网真在业内打响了名气。第二年，他们开疆拓土，在金华、绍兴、嘉兴成立了办事处，销售业绩破千万元。2013年，信网真成为深信服浙江省首家白金代理商，当年业绩浙江省第一，全国第二；成为思科中国官网首页推荐合作伙伴。

看似不可能的事，被一群初出茅庐的年轻人变成了可能。

贰
"唤醒"沉睡的大数据，让生活更美好

"人类正从IT时代走向DT（Data Technology）时代。"马云的这句预言，是2014年3月初在北京一场大数据产业推介会上提出来的。

当预言悬在时间里，人们对大数据的可能性不明觉厉充满幻想时，杭州新锐企业信网真已早早把它落地成真。

2013年年末，王真震接触到大数据这个概念，马上学习、调研，发现国家政策支持，市场空间巨大，是互联网进程中千载难逢的机会，既然风口来了，那一定得快，决定着手研发。

2014年下半年，公司成立研发部，业务范围拓展至大数据领域，并在之后成立了专

注于大数据的"华量软件"子公司。

"整个转型升级看似一帆风顺，其实也经历过一段阵痛期。"王真震坦言，从网络解决方案到大数据自主研发，战略重心的调整、新老团队的磨合等，都耗费他不少时间和精力，特别是2015年初跨江发展的决定，遭到很多同事的不解，"因为一部分同事认为公司还小，应该求稳为主，另一部分同事家住城西，来滨江上班会很不方便。"

阵痛期过后，迎来了公司的快速发展。在年轻CEO的带领下，公司已成为在大数据价值创新领域的深耕者。

信网真有个演示中心，每有来访者，四五块高科技触摸屏上，轮番演示公司的过去和未来。

公司副总经理许志峰经常客串讲解员，这位昔日的华为老将，每次都手拿平板调度着一幅幅图表，给人讲述大数据缔造的美好生活。

大数据可以广泛应用在生活的方方面面，而智慧城市大数据应用是信网真的重点研究领域，"因为随着城市化进程的加快，城市规模不断扩大，人口膨胀、交通拥堵、环境恶化、资源短缺等'城市病'，让越来越多的老百姓觉得，城市生活没有那么美好了，也让政府部门的管理面临诸多挑战。所以，杭州推出'城市大脑'，希望让城市会思考，让生活更美好，让资源最优化，让治理更高效。很荣幸，我们也深度参与了其中。"

王真震说，大数据可以缓解这些问题，让有限的资源充分、有效利用。以防汛为例，通过公司旗下"华量智多星"大数据分析系统，把水雨情遥测、人工报汛、气象、卫星云图等数据进行采集、处理、分析，可以更及时、更准确地预测洪涝灾害情况，辅助防汛决策，最大限度减少损失。

同样道理，在智慧文旅领域，通过整合景区景点、酒店住宿、交通环保及区域配套等相关数据，可以实时、准确了解区域文旅产业运行情况，帮助管理部门、景区运营者等系统进行产业监测和优化资源配置。在面对突发事件时，能够帮助应急指挥调度；在服务游客方面，可以提供贴心服务，提升服务质量和体验。

王真震说，在智慧文旅领域，公司面向C端游客的平台产品，通过数据可以实时、便捷地为游客提供多元化服务，目前产品在浙江、四川等部分区域已经陆续上线，"先进的大数据技术与文旅产业结合，未来我们要做一张中国的文游地图，人们只要用这一张地图，就可以游遍全中国。"

大数据能做的还远不止这些。通过大数据可以有效治理海洋污染，可以高效缓解交通拥堵，可以精准进行社会扶贫，用王真震的话说，在"大数据+"的化学反应下，人们的生活无时无刻不在发生着变化。

智慧城市的美好生活，就是这样实现的。

公司70%以上是研发人员，20%有海外工作或留学背景，技术是公司绝对强项，以数据分析算法为例，在他们用到的200多种算法中，其中43种是自有算法，82种是优化后的算法。

凭借先进的技术优势和相关领域行业经验，公司获得"2016年度中国大数据行业领军企业""大数据BI决策支撑应用领域全国第四名""最具投资价值的大数据企业百强榜"等行业荣誉，还多次入选了由工信部指导的"中国大数据产业地图"。

　　在公司服务合作的1000多家政企客户中，不乏浙大、网易、西子联合、纳爱斯、海康威视、苏泊尔、百世物流这样的知名客户。

　　如果说，公司之前从激烈竞争中杀出重围，靠的是勤奋和服务，现在做大数据，靠的则是技术和创新。

　　正如王真震说的"真正的智慧不仅在于能明察眼前，还能预见未来"，他是一个将目光投向未来的人，并且会为之奋斗不息。

▌ 叁
他的愿景，是成为世界500强之一

　　和王真震交流，会稍稍有些压力。这位懂技术，懂营销，懂管理，还非常文艺范的CEO，思维敏捷，说话流畅，但说出的术语会让人一下子有些蒙。而且他还会在言辞中夹杂书面语，比如说去了一个地方十多次，他会说"十余次"。

　　这是个非典型的IT男，身上有太多令人意想不到的"基因变异"。

　　员工爆料他很会唱歌，他为公司写了精神诗歌《追梦》，激励大家"用坚强的心，去追逐伟大的梦想"。结婚的时候，他当众歌唱自己创作的《爱的城堡》，唱哭了新娘和所有人。

　　不过现在，这位爱写诗，爱唱歌，爱运动，拥有十八般武艺的CEO，只有碎片时间来陪家人。因为时间都被占满了，"一年当三年过"。他的车，一年要开"4万"的公里数。

　　他人缘好，曾经参加技术比武、创业比赛中遇到的同道中人都能成为朋友，他跟50后、60后交谈没距离感，他说这可能跟外婆的影响有关。外婆是文化人，小时候放暑假外婆总带他去自己的朋友圈，他就静静地坐在旁边听老人们讲事情，聊故事。可能是这种潜移默化的影响，让他愿意聆听长者的经验。

　　外婆对他说，与人打交道一定要真诚、大度，所以公司价值观的第一个词就是"真诚"。妈妈对他说，今天你的小小成就，要感谢来时路上帮助过你的人，所以公司价值观的最后一个词是"感恩"。

　　工作中的王真震，严肃、严谨。他欣赏周杰伦那样的人。外婆去世后他无意中听到周杰伦的歌《外婆》，听了不下100遍。然后他去了解周杰伦写这首歌的背景、用意，周杰伦的才华、刻苦、感恩深深打动着他。因为欣赏，他会把"周"省略，比如他说"杰伦是音乐界的励志男"，是值得学习的榜样。

　　公司年轻人居多，王真震特地把办公室布置成橙色、柠檬色主基调，为的是营造青春向上的氛围。他还把日本最有名的"6S"管理应用到公司。这位年轻而沉稳的领头人，不仅是公司发展的主心骨，有时候还是员工的心理导师、励志导师。

公司有一面文化墙，大大的黑体字写着"将来的你会感谢，现在奋斗的你"，极富鼓动性。

可是一位共事7年的兄弟离职，他却只能说着祝福送他走。创业过程中遇到多大的困难都不怕，可是每次有人要离开，心中都是不舍和难过。

说这话的时候，王真震眼睛里有些潮湿，秘书说，从未见过他如此动容。

从几个人发展到百人，公司发展迅速。2015年家乡的舟山电视台来采访时，当时公司面积500平方米，现在又扩大了一倍。

每一年都在进步，这是最有成就感的事，王真震说。

公司有面世界地图墙，清晰地描绘着信网真发展的版图：从杭州出发，国内已经布局到北京、四川、云南、内蒙古等地，下一步将要联接的是德国、美国、意大利、埃塞俄比亚等国。

2017年春节，王真震作为80后企业家代表，受邀参加了央视春晚的录制，与海外侨胞齐聚纽约联合国总部大楼前，唱响《我的中国心》。

这样的好时机他当然不会错过，春晚录制间隙，他拜访了中国驻美大使馆，积极筹备着公司的全球化。

成为世界500强之一，是公司的愿景。他从不掩饰自己的雄心。

就在此次采访的前几天，王菲和马云合唱的《风清扬》刷屏朋友圈，王真震在歌声中写下一句话：向马老师学习，努力把企业做好，很多想法就可以成真。说不定哪天我和杰伦共同创作一首歌。

他要用人工智能技术，
让教育变得轻松一点。

大拿科技 CEO
"爱作业" 创始人

时至今日，"爱作业"APP没有正式做过推广，但使用它的人却越来越多。

自2017年9月2日上线以来，半年多时间"爱作业"的用户数达400万！2年后的2019年9月，这个数字达到了1700万。

成千上万的老师、家长和小学生们熟练地打开"爱作业"APP，检查着数学口算题和应用题。拿手机对着一页题一拍，一秒钟，是对是错全都告诉你。

这款神器把老师和家长从枯燥的检查中解放出来。

作为一个小学生家长，每次使用包括"爱作业"在内的APP时，我都很好奇：这是谁发明的？

实际上，发明者离我们如此之近。"爱作业"所在的大拿科技就在杭州滨江。创始人陈明权，一个阳光的80后奶爸，从14岁算起，已经跟计算机打了20多年交道。

而一样看似简单的东西，如果能够做细做透，其中蕴含的力量也许就不那么简单了。

没错，从数学口算题和应用题切入，陈明权的方向是更深入的互联网教育。他要用人工智能技术，让教育变得轻松一点。

他和他的团队正默默向着未来快速前行。

▮ 壹
当第四个人来抱怨时，这就是个机会

陈明权穿着T恤牛仔裤，鼻梁上架一副黑框眼镜，分明一个IT大男孩。他连比带画讲着"爱作业"的出现过程，讲着讲着他会不由自主地把腿抬到椅子上。

"这是个惊心动魄的故事。"他说。

做"爱作业"APP的初衷，来自同事的"抱怨"。

故事的开头是有个同事抱怨说，每天回家要检查孩子的口算作业，一页100题，看得头大。因为自己孩子还小，陈明权听听也就过去了。接着，他听到了第二个、第三个人同样的抱怨。当听到第四个人这样说的时候，他觉得，这也许是个机会。

他给一个亲戚打电话，亲戚是附近彩虹城小学的数学老师，亲戚激动地告诉他，每天批改口算作业，都要花费1—2个小时，相当费时费力。

陈明权跟同事说，要不试试，做个项目来对付口算？

他们收集了600多本使用过的数学算术题作业本，为机器学习算法提供最初的训练材料。还购买了好几千册新作业本，以收集不同题型扩充数据库。

结果做了一个星期，什么也没做出来。

这是什么情况？对擅长AI、机器视觉识别技术的团队来说，这是从没遇到过的挑战。

"真正做进去后，发现真实的应用场景跟我们想象的是不一样的。就像爱因斯坦说的，窗外的每片叶子都在扇你的耳光。你以为很简单，实际上很复杂。"

难度首先在于识别小学生的字。潦草的字体，算式边上的草稿，字体会从背面透过来，这都增加了识别的难度。其次，拍摄角度的不一样，也给计算机的识别增加了困难。

怎么办？在"深度学习"算法基础上，他们将OCR（光学字符识别，文字识别）技术进行改进，让系统自动排除与题目和答案无关的内容。光解决这些问题，就用了一个多月的时间。

做了不短的时间，APP第一次上线，没几天，发现效果不好，赶快撤下来，继续迭代优化。

当把现有的问题解决后，2017年9月2日，"爱作业"APP正式上线。

那天是星期六，因为之前查出高血压，陈明权刚刚在医院住了一个星期。

他对同事是这么说的："这个也不一定做得有多好，要不上个线，发一点朋友圈，你发一下，我发一下，拉点用户来试试看，不好嘛，我们再改。"

事实上，只有十来个同事发朋友圈。结果上线第一天，1800人下载。用户群里还有家长上来就发红包表示谢意。陈明权吓了一跳，跟同事说，不要转了，万一做得不好。第二天，新来了3700人。第三天，24000人。第四天，新用户数73000人。

那时每天晚上陈明权都在后台看数据，血压根本就降不下去，因为兴奋，晚上睡不着。

"你去看看，APP没有这样的，而且没有专门做推广，就直接引爆了。"

当时的兴奋犹在。

更令人兴奋的是，不光是口算题，"爱作业"APP现在还可以支持自动批改小学数学应用题。过去两年，应用题一直是他们攻克的重点，虽然更难也更复杂，但他们做到了。

用人工智能技术做点好玩的事

大拿科技给人的第一印象，跟通常的科技公司没什么两样，但稍加留意，会发现每个人面前的电脑都连着两台显示器。

这样做显时尚？当然不，真正的原因是这样能提高工作效率。

陈明权解释，写代码的时候，这边要描述一下实现的功能，那边要敲代码，原来一个屏幕，就要不停地切换，效率很低。改用两个屏幕后，效率提高了30%多。

陈明权是温州人，名副其实的资深码农，写代码很厉害。15岁时，他就帮好朋友姐姐的公司开发了一款工资计算和发放的系统软件。

而他写代码的本领，却是自学的。初中时他在老爸单位的宿舍楼里认识一位叔叔，那位叔叔刚大学毕业，买了一台电脑，他经常去玩。有两款现在看来很low的游戏，当时让他乐此不疲。但是遇到困难的关卡无法通过，那位叔叔就把买电脑时送的书给他了，告诉他听说学会了编程，就可以修改游戏里的参数。

一本厚厚的书，陈明权看完，竟然入门了，而且通过写出游戏修改器软件，拥有了战无不胜的秘密武器。

2005年从浙大计算机学院毕业时，美国Trilogy Software（著名软件公司）首次到中国区招人，来自清华、北大、浙大、上海交大等高校的17名学生被招聘到了美国，陈明权是其中之一。

他曾担任Trilogy中国技术总监，设计、架构，并成功交付多个世界500强的核心数据和人工智能系统。而且，更重要的，在这家公司他认识了他的合作伙伴罗欢。

和陈明权一样，毕业于清华大学的罗欢也是一位技术"牛人"，清华毕业后继续在美国卡内基梅隆大学（CMU）深造软件工程和人工智能，之后还在波士顿参与创立一家软件公司，也做得很成功，他是第7批国家千人计划特聘专家，科技部创新创业人才，具有20年软件工程和人工智能经验，目前是公司董事长。

两人认识13年，没正经拍过合影，那天在大拿科技，两位技术大拿并肩站立，出现在了我们镜头里。

大拿科技是他们肩并肩合作的第二次创业。两个配合默契的搭档创建大拿科技的初衷，是用人工智能技术做点好玩的事情，把人工智能、深度学习用在生活的场景中，让身边人觉得有用。

他们合作的第一次创业，是做了家软件公司，做得很成功。虽然财务上比较宽松，但爱折腾的性格，促使他们要用自己所长找点有意义的事情做做。于是他们回到杭州，创建了大拿科技。

陈明权说，希望用技术、科技来帮助身边的人，让他们的生活能变得更加容易一点点。"科技是用来改变人的生活的，让生活变得更美好，而不是吹牛。"

叁

它能识别残荷，让马云用了也很开心

推出的第一款产品就很美好，令人惊喜，是一款植物识别软件，叫"形色"，说不定你也常用。

"形色"的初衷，完全是一个植物盲奶爸为了解决孩子的"十万个为什么"。

那个夏天，陈明权周末带儿子出去，儿子会指着路边的花问："爸爸这是什么？"那时杭州在筹备G20，路边的花一茬一茬不断换，他刚认识这个花，过段时间又换了，所以经常被儿子问懵逼。

于是一个人花两周时间，做出了"形色"的雏形。陈明权说第一个版本很矬，只能识别花草的名字，没有其他信息，但不用再怕被儿子问傻了。后来被公司其他家长看到，他们也开始用，并提出各种反馈意见，于是就当个项目做起来。

大拿科技于2015年7月成立，8月，"形色"APP上线，一开始只能识别两百种花。经过几次迭代，目前能识别一万多种植物，准确率高达95%，1500万用户，覆盖了209个国家。

在这个过程中，用户吐槽推动了产品的发展。他们有个用户群，专门倾听用户的声音，你们觉得哪里做得不好，不够，说出来，我们来做。这才是真正的需求，而不是整天坐在办公室里猜用户需要什么。"你千万不要觉得自己比别人牛逼。"

有小朋友就问了，有种植物叫瓜栗，但又叫"发财树"，为什么？所有人都不知道。就去搜资料，原来瓜栗最先传到广东，其拉丁学名在广东话里发音跟"发财啦"很像，所以又叫"发财树"。

把这种生动有趣的内容编进词条，比干巴巴地介绍"这棵树会长多高，这种花什么季节开"有意思多了。

不光公司自己人编，用户也积极加入进来，提了各种建议，帮忙丰富词条内容。

而当用户越来越多，产生更多的数据，产品也变得越来越优秀。"它有自我进化能力，它被很多人用，用的过程中会产生新的数据，又可以拿来训练新的引擎，它的智商就变高了。"

原理跟AlphaGo是一样的，只是在这里，深度学习技术用来识别植物。

陈明权有个周末到西湖边拍荷花，意外地发现枯萎的荷花也能被识别，而当初并没有把残荷输入电脑。这是它自动学习的结果。

非常好笑的是，最早的时候拍到紫薇，它会自动识别出答案是"林心如"。而如果你对着自己拍张照，它会识别出与你颜值匹配的植物。如果是女的，通常是一种漂亮的花，如果是男的，就会自动识别一种阳刚点的植物。

陈明权说，人脸鉴定就是专门用来搞笑的。有次在植物园搞大自然学校的开幕仪式，想搞一些新颖的签到活动，他们就想到了这个点子。活动开始的时候，马云来签到，手机

一拍，他被识别成君子兰。马云也很开心。

这款火爆的APP，英文版在北美地区也大受欢迎。泰国有位亲王还曾经郑重联络，问他们能不能帮忙搞一个泰文版。

肆
方向对了，就像唐僧西天取经一样，会有人帮你

陈明权的办公室不大，给人印象最深的，是他书架上、书桌上放了很多书，门口地板上还放着一套《十万个为什么》，一些盒装的饼干堆在桌边。

零食显然是为加班准备的，早上8点左右到公司，晚上十一二点回家，平时他的时间表是这样的。

"说实际一点，创业呢，如果希望做得好，工作和生活是没有办法平衡的，你要比别人付出更大的努力。"

不过周末，他都会尽量多陪孩子们。"逼"他做出了"形色"的大儿子，提出的问题他从没随便应付过，肯定会给出一个答案。

比如儿子问，爸爸，汽车是怎么工作的。陈明权就会把引擎盖打开，发动机运转起来，告诉儿子这个是干吗的，那个是干吗的。

儿子问电梯是怎么工作的，为什么会上升，他就带儿子去电梯间，给他看那边有个绳子在拉拉拉。有一天陈明权在阳台收衣服，儿子看着升降衣架问："爸爸，这是不是跟电梯一样的？"

才读小小班的孩子，已经显出很强的逻辑能力。

陈明权希望能维护孩子的好奇心。遇到不懂的没关系，可以去查，就是在孩子面前不要装。给儿子解答为什么，是他的一个爱好。

读书是他的另一个爱好。他读各种各样的书，他爱读历史、科幻小说，《三体》是过去10年里，他看过的最重要的书之一，他桌上放着《腾讯传》《一个广告人的自白》，还有一本全英文的深度学习的书，砖头厚。

他学习能力很强。外面有很多饭局，很多社交，他都不参加，他觉得听人吹牛逼，是浪费时间。

陈明权说自己学东西快的原因，是他发现了学习的窍门。

——当你意识到学习任何东西都是没有捷径的时候，就是捷径。

与其浪费时间找捷径，不如坐在电脑前，把那些枯燥的文档打开，一页一页看过来，不懂的地方写两行代码，验证一下。"你好好干，努力去做这个事情，就是捷径。这是一个很土的秘诀。"中学时，他就是用这个秘诀自学了编程。

现在，他用这个秘诀来创业。

而且他发现，创业很有意思的事情是，当你做的方向是对的，会不断地有人来帮助

你。"创业就跟唐僧西天取经一样，方向没错，过了段时间，打不过妖怪了，孙悟空来了，挑的东西多了，猪八戒来了，再过段时间，沙和尚来了，白龙马也来了，慢慢是有人会帮助你的。"

那些不断吐槽、提意见的用户，就在推动"爱作业"不断往前走。最初上线时只针对小学一、二年级的四则运算，现在批改范围扩展到了小学数学全领域，包括十分复杂的应用题。

原本只是希望帮助家长和老师减轻改作业负担的初衷，转变成对人工智能+教育的专注。

他们希望最终提供一个可以自适应学习的平台。"以前做作业，可能80%他会，反复练那80%，就是浪费时间，只有20%是他需要练的，但你不知道他的薄弱环节在哪里。我们可以。用大数据分析，我对你的小孩是最了解的。"

一年级小学生出错的原因，他们用大数据分析出来，有240种。针对错误能做什么呢？给错的题自动生成题库。

这个就是真正的、老师都希望达到的因材施教。不仅是数学，英语、语文等学科都纳入了他们的视线，"通过手机扫作业，我可以把所有信息收集起来。我知道你孩子的成长曲线，可以有针对性地制订个性化学习计划。"

这就是他们正在做的事。

因为经济上没什么压力，所以做得很纯粹，很专注。对他们来说，最重要的，是把产品做好。

"AlphaGo我们也能做，但我们希望用人工智能为身边人解决问题，为家长、老师、学生提供一些价值。"

在杭州工业设计界，
他是元老级人物。

飞鱼设计 创始人、董事长

入驻杭州创意设计中心之前，余飚到西泠冰箱厂的旧址考察，一眼看中那根高耸入云的烟囱。于是，离烟囱最近的那间老厂房迎来了"飞鱼设计"。

为了跟烟囱融为一体，飞鱼的外墙采用新榫卯结构，用钢拼装而成。下了雨，会生出一点锈，每一块都不一样。这也恰恰显出生命力。每个路过的人，都会被立体又沧桑的波浪造型吸引，拿出手机，留个影。

这个园区最酷的地方，装修花了一整年，文艺青年赞叹它的外表，行家却惊讶于建筑方法的不可能，一位加拿大设计师大呼难以想象。但余飚用工业设计的理念完成了一次建筑的实验。

在杭州工业设计界，余飚属于元老级人物。20世纪90年代，余飚在国内最早开设工业设计专业的无锡轻工业学院读书，2002年创立飞鱼，是杭州最早从事工业设计的设计师之一。

余飚在业内名气很响，但关于这个待人热情、广交朋友的人，媒体上的报道并不多。他更喜欢埋头做事。

采访那天，他风风火火带我们参观公司，经过一个堆满奖杯的展柜时，我惊叹一声："哇，这么多！"他脚步并没有停下，大步流星走过去，边走边说："只是随便放了几个。"然后，这个可以趁机展示牛掰成绩的话题还没开始就OVER了。

性格积极乐观，但不张扬，这个给公司起了极具想象力名字的人，专注于他的兴趣点，在工业设计领域里不断创新和探索。

他始终相信，因为梦想，鱼可以飞起来。

壹
用成熟的技术去解决痛点
一款油汀，为企业增加5000万元销售额

1992年，余飚在无锡轻工业学院读书时，"工业设计"这个概念对中国企业而言，还是非常陌生的。那时开设工业设计的高校寥寥无几，余飚班上也就20个人，当

时的专业叫"工业造型设计"。

现在关于工业设计的概念多了起来：服务设计、品牌设计、产品设计、交互设计、销售终端设计、商业模式设计……名字的变化反映了工业设计的发展历程，从外观到整合，工业设计的路子越走越宽。

对工业设计，余飚的理解是：一切把需求和技术通过设计体现、转化出来的产品都是工业设计。

他举了个非典时的例子：非接触式感应水龙头。以前公共场合多是接触式水龙头，非典时期这成了痛点，非接触式洗手变成强需求。通过设计，20世纪六七十年代就出现的红外感应技术和水控阀结合在一起的水龙头，解决了问题。因为有了需求，设计让技术妥帖地靠近我们。

这也就是设计创新的本质：用现在成熟的技术解决痛点。

2014年，他们为先锋电器设计了一款外形镂空的电热油汀，从定义到专利再到产品开发，成本比以前低，技术比以前新，应用比以前好，单款产品的市场售价上升了242元。仅此一款，每年销售20万台，创造近5000万元的销售额。

海尔也是飞鱼设计的长期客户。他们曾帮海尔设计三四线城市的冰箱，经过调研和深访，跟用户一起买菜、做饭、干家务，发现用户需求跟原先想象的不一样：他们不喜欢"喜气"的暗红色冰箱面，喜欢银灰色等金属面，因为看起来"洋气"。他们不喜欢冰箱面上镶嵌个液晶屏，觉得费电。这些发现都成为后来设计的重要参考。

工业设计，解决的都是痛点，满足的都是真实的需求。

这些年，飞鱼设计服务了国际、国内400多个知名品牌，超过3000件产品成功推向市场，用设计服务创造了上千亿元的社会价值。

客户涉及GE、BP、OLYMPUS、BOSCH、OTIS、DURR、惠尔浦、施耐德、海尔、美的、九阳、苏泊尔、安吉尔、林内、德意、雀友、海康威视、浙江大华等，公司成功获得客户的信任和尊重。

获过的奖？包括德国红点奖、IF奖、Idea等在内的30多项大奖，你们听过的和没听过的，他们全拿过。这不是余飚说的，是官网上查到的。

贰

华普永明的"编外5号"
服务500强，还是服务中小企业？

在飞鱼设计二楼的办公室，可以看到很多有趣的东西，一个共同特点是：颜值高，功能实用。

比如一个镜柜——镜柜里的灯是感应的，人走近，灯会自己亮，人离开，灯会自己灭。镜子可以移动，满足各个角度的需求。镜柜里还设计了储藏格和消毒间。

一张桌子——用新榫卯结构拼成，牢固美观，拆下来是片，可以像搭积木那样装成桌子或展柜。有一年参加广交会，公司两个小姑娘一小时就把展柜装好了。他们最大的一个展柜，重复利用了8次，既不浪费，又解决了运输问题。

　　这些东西还有一个共同点，合作的企业都来自中小企业。2010年，飞鱼设计调整发展方向，提高了对中小企业的服务合作力度和比例——这个比例从以前的不足20%提高到35%以上。

　　余飚解释说，随着制造业转型升级和外贸公司转身建设自主品牌和渠道，服务国内中小企业的价值机会点已经来了。

　　而之前服务世界500强和国内行业前三客户时积累的创新管理经验，成为很好的积淀。

　　在服务合作的中小企业中，最有名的当数华普永明。这家成立于2011年的企业，在飞鱼设计的助推下，发展迅猛，客户遍布全球。只用了短短两年多时间，就做到"中国LED路灯竞争力排行榜"第二名，2015年、2016年连续两年出货量全国第一，被业内人士称为"华普永明现象"。

　　2014年世界杯，巴西圣保罗国际机场到市中心的23英里大道，两旁的LED路灯，都是华普永明提供的。2016年杭州G20峰会，主会场、钱江新城周边道路、空中花园的灯，也都来自华普永明。

　　华普永明的灯有多牛？放在沸腾的火锅里煮，依然可以发亮。

　　从这家公司成立时起，余飚就紧密参与其中，介入产品创新、商业模式创新等。比如在战略调整上，定位行业的设计工场，聚焦户外照明创新。通过模块化设计代替传统灯炮，用设计和制造点亮了照明之路。到现在为止，整个产品的工业设计方向，都是余飚亲自把关。余飚笑称自己是四位创始人外的"编外5号"。

　　在国内，工业设计是随着需求发展起来的。

　　在物资稀缺的年代，自行车再难看，一投放市场马上一扫而空。那时没有设计需求。1990年开始，工业设计逐渐萌芽。2000—2010年，是工业设计快速成长期，大公司越来越重视设计。

　　真正的分水岭是在2007年金融危机之后，制造型企业意识到原创设计的重要性，工业设计才开始真正被重视起来。制造业和工业设计都迎来了新一轮发展。

　　所有行业都在转型升级，飞鱼设计也在探索新的路，不断调整自己。

　　"2010年我们开始反思：未来工业设计的方向在哪里？到国外去，问那些工业设计公司、工业设计协会负责人，没有得到清晰的答案。最终我们选择跟产业结合，设计入股，成为创新合伙人，这是个趋势。"

　　余飚认为，中国工业设计发展不到30年，走过了西方工业设计近100年的路。其间的发展非常了不起。

　　而他，正是经历者，见证者，更是探索者。

叁

同行的好产品，他都在朋友圈打call

这是设计最好的年代

2016年10月的杭州文博会上，一款"t8蒸茶壶"引起了年轻人的兴趣，这种炫酷的"蒸茶"style，把饮茶传统与现代生活巧妙结合。"一个小壶做了一年多，惭愧。"余飚发微信自嘲。

平时，他没少在朋友圈为同行的好产品打call。这次，轮到大家为他打call。不过，这只是个开头。

在余飚办公室里，可以看到"t8"系列的各种产品。为了做到极致，他们把全世界的壶都买来了。开发了半年，不断地改，光开模就花了100万元。一个非常用心的细节是，温控方面，水烧开永远在接近沸腾的99℃，因为变成"老水"，茶就不好喝了。

做了整整三年，2018年系列产品正式推向市场。余飚说，希望在这个领域打造高颜值、高技术、高品质、高性价比的茶电器产品。

这是公司发展的第三步，也是目前工业设计领域都在探索的一条新路——打造自有品牌。

余飚说，工业设计其实很简单，就是不断地发现问题、分析问题、解决问题。这种思维可以用来解释很多事情，也可以帮助你去认识这个不断发展变化的时代。

余飚发现，消费升级到了一定程度，好产品成了稀缺资源。随着小米、严选、企鹅优品、京造等精选电商平台的快速发展，他说渠道问题根本不用担心，现在已经回到一个以产品为中心的年代了。

看看他参与设计的一些美美哒的产品吧：

胶囊咖啡机——通过手机APP可以冲泡各种口味的咖啡，还能自定义参数，让你秒变咖啡师。这台尺寸小，逼格高的东东，是两年前设计的哟。

DING DONG音箱——飞鱼设计携手科大讯飞、京东打造的全球首款零触控智能云音箱，不但能让音乐完美原声再现，而且语音唤醒可以叫主人起来开会。

这些工业设计的美物是不是让人一见倾心？余飚认为，工业设计的核心是"利他"，解决的是需求，而到了这个时代，技术创新和设计创新密不可分，很多技术创新要被转化成设计创新来实现。二者的结合，真正满足了人们日益增长的需求，甚至创造了新需求。

"技术创新和设计创新就像驱动经济发展的双引擎，国家前所未有地重视，也留给我们很多的机会。"

飞鱼设计现在有三个主攻方向：整合设计服务，创新合伙人，以及做自有品牌，孵化新公司。飞鱼设计投资孵化的菲驰，定位高端定制电气产品，杰作之一是西湖国宾馆客房墙壁上的面板——集成了智能灯光、音视频等控制系统在内。

杭州创意设计中心常务副总经理余建国，跟余飚认识多年，他对这位本家的评价是：

转型早，一直很有想法。

另一位熟识余飚的业内人士认为，纯粹的设计服务，天花板明显，而余飚不囿于原先的设计概念，跳出服务框架，趋势性的东西看得比较准。

也正因如此，飞鱼设计被称为国内"最具视野和执行能力的策略性创新设计公司"。

肆
这些年交过的学费和踩过的坑
海康、大华都来挖过他们的人才

余飚"身兼数职"。除了设计师，他还是金投奖等大赛的评审，他还经常以导师、老师的身份出现，讲课、培训，为高校带研究生、实习生。"如果不跟别人分享，每个人守着自己的'绝密武器'，行业的发展一定是慢的。"

除了业界情怀，他希望以前犯过的错误和教训，都能变成后来者的经验。希望后来者能少走弯路，绕过那些他踩过的坑。

2007年，他们开过一家工厂，做集成吊顶的扣板。做法很高端，用做高尔夫球杆、车标的工艺去做扣板，彩色立体扣板就是从他们开始的。因为用了不合适的好材料，导致工厂后来亏损。但行业按照这个方向在发展，整个嘉兴集成吊顶卖得贵的，都是有颜色的。"这次犯的是决策性错误。"

2012年，做智能首饰。类似于运动手环，在穿戴式首饰中嵌入智能芯片。做了一年多，花了100多万元，决定踩刹车。"我们按传统首饰做的，没按装饰首饰做，这是方向错误。"

2014年，做电子积木，把积木和手机、平板电脑打通，成为完全游戏化的教具，寓教于乐。到幼儿园测试，孩子们喜欢得不得了。但这款婴童类的智能化产品做的时机并不成熟，烧掉600万元后，按下停止键。"这属于在错误的时间，做了好产品。方向对，产品也不错，但时间不对，超前了。"

创新是高风险的事，走的是别人没走过的路，一不小心，就有可能掉进坑里。但若不创新，就不是他了。

对他来讲，失败是创业过程中需要交的学费。他一直认为，成功是运气，失败是常态。没有失败过的创业者，不是可靠的创业者。

对行业来说，这却是宝贵的借鉴。虽然有些没成功，但身为前期的探路者，为行业的发展蹚了一条路。

杭州市文创协会常务秘书长汪君玮说，余飚的不断试错，不断创新，为同业发展探索了有效的发展路径。

而余飚交过的最大最早的学费，则在人才方面。他是那种求贤若渴的人，甚至愿意用公司一年的利润聘请一个设计师。2004年底，他引进的一个高管离职，陆陆续续带走公司一大半人。这件事对他刺伤很大，心情低沉好几个月后，他想开了：很多企业也是这样过来的，换个角度想，不一定是坏事。人品比能力更重要，这是交学费得来的经验。

自成立以来，飞鱼设计培养了不少优秀的设计人才。不夸张地说，杭州设计界有相当一部分人是从飞鱼设计走出来的。海康威视、大华等不少大公司都到他们这儿挖过人。

人才流动是难免的，不过余飚觉得，大企业动不动就去挖人，而且一挖十来个，对行业来说未必是好事。

"大企业是完全有能力去培养人的，现在反过来，中小企业在培养人，他们做收割的事情，这是不健康的状态。"余飚很欣赏海尔和华为，海尔大学和华为大学为中国培养了大批的职业经理人和企业家，这两家大企业在培养人才方面堪称典范。

"当然我们也应该反思，不能成为黄埔军校啊。"余飚笑笑说。

因为自身的创新能力和对行业发展的探索、推动，2017年底，飞鱼设计被工信部评为"国家级工业设计中心"。杭州获此荣誉的工业设计企业，仅有瑞德设计和飞鱼设计两家领头羊企业。

伍

走错一个道，也许会发现一片新天地
一个喜欢变化和惊喜的人

如果春夏季节去飞鱼设计，也许会看到一束束蔷薇和月季从三楼露台吊下来，那是余飚献给路人的美丽。

露台上的护栏很有特点，跟飞鱼外墙一样材质的钢条，三米左右高矮，一条条冲天竖立着。这是余飚按摩阻系数做的，摇一摇，会发出细微的叮咚声，但人绝不会从钢条中间的缝隙掉下去。

余飚的动手能力和创意，与生俱来。小时候在台州老家，所有玩具——竹蜻蜓啊，火柴枪啊，飞镖啊，都自己做。

初中时，到舅舅的模具厂玩，看舅舅把模具背上背下，他想了个办法——在上下模之间卡了两个丝杠，用来推开模具。现在，他用创意跟女儿一起设计现代版元宵花灯——密度板边角料、吸管、废弃的LED灯都成了好材料。

因为动手能力强，高考时余飚报考了工业设计专业。毕业后去了鸿雁电器，老总非常重视工业设计，第二年他就享受到了中层待遇，还分到了房。但他是个喜欢变化和惊喜的人，尤其是大学时就怀有的工业设计梦想，使他几年后走出了安逸的生活，创立了飞鱼设计。

从公司起步时的步履维艰，只能接些平面设计的单子，到第一家企业要求设计插座的定时器时，余飚语无伦次的激动，再到成为工业设计领域的佼佼者，一路走来，诸多不易。

"我一定是乐观的。做企业，肯定要乐观。二是要有面对风险的勇气。第三，要有韧性。很多时候，成功就在于坚持的一瞬间。"

回望这些年的经历，余飚总结了这几点。而2016年底，首届世界工业设计大会在良渚的开幕，让他对工业设计的未来充满信心。"世界开始倾听中国的声音。再过五到十年，我想没有国家会说我们是抄的。"

他有很多爱好。喜欢看动画片，因为充满了想象力。喜欢旅游，而且不喜欢做攻略——因为人生需要的是惊喜，不是按部就班。旅游中走错一个道，也许会发现一片新天地。

在香格里拉他遇到特别美的地方，于是跟朋友一起，准备开发星空帐篷酒店，起的名字也很美：那帕花开。

跨界做酒店不纯粹为了商业，是自己的喜好。余飚说，酒店不是他所擅长的，但是"50岁以后做什么？60岁以后做什么？最终并不是赚多少钱，而是人生有什么经历，这个才重要。"

必不可少的学习充电，利用的都是碎片化时间，比如上班路上，他会听别人的演讲。每年也会非常认真地读四五本书，不过他说，一生遇到一本对你有影响的书，就够了。

他初中时遇到了这本书，一部名叫《绿色王国》的外国小说，已经忘了作者是谁。

书中的精髓是：你可以从一穷二白的人，变成拥有一切的人，关键是这个过程中要坚持。

这个故事深刻于他脑海三十年。

孩子是一张白纸，

第一次当爸妈的家长也是一张白纸。

养育孩子就像读一本育儿书。

凭借"亲子私密相册"做到亲子行业之首的他，

还要做出一个独一无二的智能"育儿大脑"。

冯培华

亲宝宝 创始人、CEO

理性和温情，在这个瘦瘦高高的创始人身上得到了完美的统一。

说他理性，是因为他用工程师思维做事，什么东西都要做到极致，事情做到80分仍不够。埋头做事时，他情绪很少有波动，遭到拒绝或是得到肯定，他都泰然处之。

说他温情，是因为他把女儿成长陪伴中的缺失幻化成对产品极致体验的不懈追求，做出了一款让家人亲友共同陪伴宝宝长大，以成长记录和智能育儿助手为核心的家庭育儿平台：亲宝宝。

这个在母婴家庭间口口相传的家庭育儿平台，2018年底注册用户就已经突破1亿，日活跃用户700万，悄无声息地跻身于母婴行业头部。其身后站着的，是创新工场、顺为资本和复星集团这些知名投资机构。

在热闹的母婴行业中，亲宝宝被称为神秘低调的"头号玩家"。

即便有如此骄傲的成绩，亲宝宝的绝大多数员工却并不自知。因为亲宝宝创始人、CEO冯培华觉得这是自然而然积累的结果，并没有把它当作一件多值得炫耀的事。直到看了南方某媒体的报道，公司员工才惊叹，啊，原来我们已经如此牛掰了。

对此冯培华只是微微一笑："这些成绩说明我们当初创业的方向是正确的。相信在我们的努力下，再过2—3年，亲宝宝应该可以做出一个独一无二的育儿大脑。"

云淡风轻中，透着满满的自信。

壹
建一个专属私密空间，
记录孩子成长中的每个第一次

作为一个超有爱的奶爸和半个摄影爱好者，冯培华没少为女儿拍照片。女儿五岁时，他教她在湖州老家的河里学游泳。扶着一个大木盆，女儿在爸爸的指导下顺利学会了游泳。他用单反相机拍下了很多宝贵的瞬间。

可是因为工作忙碌，他还是错过了很多女儿成长过程中的第一次。

冯培华大学毕业后供职于美国虹软（ArcSoft）杭州公司，在这家全球知名的计算摄影与计算机视觉技术公司，冯培华是24号员工。

因为公司业务主要在海外，出差比较多，动辄出差两三周乃至两三个月。每次回到家里，他都会发现女儿不一样了，会说一些他没听过的话，或是学会了新的动作。

"她小时候的成长，我基本上是缺失的。"这是冯培华的遗憾。

在虹软十几年，他从一线技术人员做到了高级工程师、产品总监、副总裁，事业顺风顺水，生活美满幸福。可是当2012年到来的时候，他觉得要再干点什么事，才能不辜负这个黄金时代。

从斯斯文文的外表很难看出他骨子里的不安分，但实际上，他就是那种外表淡然内心狂热的人。

彼时的中国，移动互联网方兴未艾，而他在工作中积累了丰富的多媒体相关经验。从帮助诺基亚、三星这样的大公司做手机处理软件，到为智能硬件和智能手机厂商提供照片视频的多媒体解决方案，可以说，他经历了从PC互联网时代向移动互联网时代转变的全过程。

对移动互联网的理解和熟悉，让他决定创业。"如果不抓住机会，我会后悔。"

在考虑过很多项目，做了充分的调研分析后，冯培华最终把目光锁定在了"成长记录"。这个选择可以说跟他的父亲角色不无关系。

当时的考虑是：要选择一个相对比较垂直的行业，背后的人口数量要足够大。2013年上线的亲宝宝，以母婴切入整个家庭，恰恰符合这些因素。

记录型的平台那时其实有不少，基本的大逻辑都是通过内容聚集流量，不管张三李四，还是阿猫阿狗，都能看到用户的内容。

一开始，他们就把这个逻辑Pass掉了。反其道而行之——这个成长记录工具必须私密，不受外界任何干扰。

他们的初衷是帮助一个家庭，再加上至亲好友，建立一个专属于孩子的私密成长空间。

通过特定邀请码才能进入这个共享云空间的设定，确保了用户的隐私性。在这里，外公外婆、爷爷奶奶等亲人即使远在他乡，也可以通过照片、视频、文字日记、成长MV等形式随时关注孩子的成长过程。

当孩子成为家庭的焦点，如何更方便地存储和分享照片，无疑切中了市场痛点。亲宝宝以孩子为中心的成长记录功能成了5000万家庭的纽带。

冯培华坚信这是刚需。

贰
刚走到地铁口，
李开复团队来了电话：我们投了

2014年春天，北京。

冯培华拿着商业计划书，走进创新工场的办公室。他一个人面对七八个李开复的合伙人，谈了两三个小时。

谈完他准备回去，走到创新工场楼下的地铁口时，接到了李开复团队的电话："这个案子我们决定了，投！"

就这样，亲宝宝获得了500万的天使投资。

几年后再谈起这段经历，冯培华稍微显出了一点小兴奋。但是当年在接到电话的时候，他并没有像一般人想象中那样激动地跳起来，或挥一下拳头，或赶快跟公司分享这个喜讯，或跟团队庆贺一番。

他只是想了下，嗯，投了。

其实，在创新工场之前，有10多家投资机构拒绝了他，他也没有灰心，觉得很正常。因为在虹软工作时，打交道的也都是大企业，被拒绝，被挑刺的时候多了，所以他早就做好了心理建设。

他擅长做，不擅长说。说并不是他的强项。通常做到80分的内容，他说自己只能说到70分甚至65分。可能那次自己发挥比较好吧。

在员工眼里，冯培华很严格。现实中的他，始终坚守的是把产品做深，做精，做透，做到极致。

叁
雷军和郭广昌，
也成了亲宝宝的投资人

技术优势加上社会价值、方向正确，亲宝宝其实天生就具备不错的基因。上线6个月，用户突破30万。2014年1月，接受天使投资之前，用户已达到100万。这些都是靠口碑传播，自己长出来的流量。

七年来，公司一直坚持给用户提供最简单极致的产品体验，最早的一些产品架构甚至文案，都没有变过。

产品形态决定了产品的生命周期和增长速度。因为产品足够好，很容易在妈妈群体中形成口碑，通常只需要获取一个妈妈用户，这家的其他成员也都上来了，拉动作用很明显。

根据后台数据，一个宝宝通常可以带动五六位家人的加入，而多的时候甚至可以带动十多位亲友。在亲宝宝的用户结构里，有妈妈、爸爸还有祖辈和亲友。

因为找准了"家庭"为切入口，雷军和郭广昌后来也都成了亲宝宝的投资人。2016年底的B轮融资中，领投方是复星，A轮投资方顺为资本跟投。小米的系列产品都和家庭息息相关，而对于复星来说，家庭产业是一个大布局，这些都和亲宝宝的产品定位不谋而合。

2017年12月份，郭广昌专程到杭州探访亲宝宝，对亲宝宝的评价是"有品质，有情怀"。

而当一样产品做到极致时，在此基础上可延伸的事情就多了，甚至用户需求也会推动公司新的服务。

2015年，亲宝宝在成长记录的基础上，增加了智能育儿助手功能。而选择做育儿的起因，最初正来自于部分用户的建议。

肆
亲子育儿的"头号玩家"，
DAU、MAU全年稳居母婴亲子行业榜首

2013年1月亲宝宝上线的时候，是在拱宸桥畔运河人家的一套三居室里，那时四五个创始人员，冯培华亲自搭建的后台服务器。现在，亲宝宝员工已经有400多人，在城西拥有三千多平方米的办公区域。

据艾瑞、易观、QuestMobile等第三方数据显示，在过去的2019年，亲宝宝APP在母婴亲子行业DAU（日活跃用户数量）、MAU（月活跃用户数量）都已经稳居行业第一。

值得一提的是，亲宝宝建立了一套覆盖孕期以及从0到6岁的先进育儿理论体系和PGC（专业生产内容）内容库，为此，亲宝宝成立了由妇产科、儿科、营养学、心理学、早教等专家组成的育儿团队。目前，育儿版块基于平台大数据与AI技术，真正为用户提供个性化的育儿服务。

实际上，就相当于有个育儿专家在随时随刻陪伴宝宝成长。毫不夸张地说，年轻父母一旦用上亲宝宝，就再也离不开了。

比如说家有三个月的宝宝，APP会提醒你：宝宝开始练习慢慢翻身了。爸爸妈妈注意，不要把他单独放到床上，他可能会一骨碌翻下去。

再比如家有8个月25天大的宝宝，APP会提醒家长该打A群流脑疫苗（第2剂）了，并且推送育儿要点以及在家早教的示范短视频：比如"带宝宝交朋友。学会与小伙伴相处""带宝宝做爬行小游戏"，如果妈妈添加这些任务并打卡，就会发现一起打卡的还有几十万家长。

这些育儿要点和在家早教，以及某个年龄段会遇到什么问题，都根据孩子的年龄特征计算出来并进行精准的推送。

伍
真正胜出的好公司都是产品公司，
亲宝宝就是不折不扣的产品公司

曾经有个投资人朋友告诉冯培华，他每天早上起来，都要先看看亲宝宝上的育儿列表，然后交待阿姨要把哪几个任务完成。

"孩子是一张白纸，第一次当爸妈的家长也是一张白纸。养育孩子就像读一本育儿书，你不可能一下子读完，因此我们把模块里的育儿知识按照孩子的月龄一点一点输送给家长，循序渐进。"

这些就是"千人千面"的智能育儿。在亲宝宝平台上，不仅可以找到育儿知识，还有早教、营养食谱等内容，家长有什么问题，也可以在平台上提问。

从成长记录工具发展到一站式家庭育儿服务平台，亲宝宝最终成为家庭用户不可或缺的一部分。

亲宝宝的商业化也在不断尝试中。他们曾经试水电商业务，后来发现商家、商品质量、物流都不好管控，很难保证极致体验，最终把这个每月能产生过千万流水的业务砍掉了。2018年2月他们开始尝试ODM/OEM模式，创立了自有品牌"亲宝优品"，专注为宝宝打磨成长必备品和妈妈生活必需品。截至2019年底，这项业务已经累计完成了4亿多GMV。此外，2019年，亲宝宝推出的AI早教机"亲宝小伴"，以及家庭数学启蒙课程"亲宝玩数学"也都取得了不俗的成绩。

从成长记录到智能育儿，再到亲宝优品、亲宝小伴、亲宝玩数学，亲宝宝的每一步都离不开对产品的极致追求。冯培华不急，不躁，以极大的耐心和严谨，做好每一件事。

"随着时间推移，真正胜出的好公司，都是产品公司。我们就是不折不扣的产品公司。希望亲宝宝能给越来越多的家庭提供帮助，让整个家庭更好地成长。"不管公司走多远，冯培华初心不改。

在人才济济的阿里，
能从《射雕英雄传》里，
找出个响亮的花名来，
某种程度说明了他的江湖地位。

袋鼠云 创始人、董事长

如同他在阿里时起的花名一样，拖雷是那种一经听到、见到就会给人留下深刻印象的人。

名字响亮还在其次，让人记住的是他对科技的狂热信念以及达到的段位。

不管是曾经埋头钻研的技术男，还是现在袋鼠云意气风发的董事长，每一件事，他都要比别人提早上路，并且执着坚定，这让他一路上看到跟别人不一样的风景。

2007年，他得到来自Oracle（甲骨文）公司的官方认证，成为中国最早一批Oracle ACE Diretor——这是多少DBA（数据库管理员）梦寐以求的荣耀啊。

2017年，袋鼠云刚刚创立一年半，就拿到三轮共计1亿元的融资。在当年的杭州云栖大会上，他带着年轻的袋鼠云团队亮相，并在演讲时称：DI（数据智能）服务的时代到来了。

他的论断，是在袋鼠云将近两年数据智能实践的基础上得出的。时过一年，支持他的论据更丰满了。

2018杭州云栖大会，袋鼠云携数据智能产品家族亮相。通过展示众多行业明星企业的最新案例成果，拖雷让大家看到大数据的应用在企业服务中落地开花，数据真正成为一种"新能源"。

就像一只不断跳跃着向前奔跑的袋鼠，年轻的袋鼠云跳得高，跳得远，用数据创造着新价值，用数据迎接和开创着一个新时代。

壹
一个人人都在谈大数据的时代

袋鼠云的创立，有个戏剧性的开头。

2015年国庆，爱好旅游的拖雷跟两个阿里同事结伴去西藏。三个人在西藏待了十五六天，拍了流行的悬浮照，玩得很嗨。

同时，他们也在技术上聊得很嗨。云计算和大数据是不可避免的话题。

那时不管国内还是国外，云计算行业发展迅速，从过去雾里看花的状态，慢慢进入商用时代。另一方面，真正从事大数据服务的创业企业并不多。

就如后来行业内的一句话：这是一个人人都在谈大数据的时代，但只有极少数人在用大数据。

他们非常看好企业云服务的价值以及未来巨大的市场空间，他们判断，大数据接下来一定会爆发。

从西藏回来，2015年11月，公司就注册了。2016年1月，袋鼠云正式成立。

袋鼠云成立之初，就坚持"让数据产生价值"的核心理念，他们的目标，是通过数据智能解决方案，帮助客户挖掘数据价值。

"DT（数据技术）时代的到来让人们发现了数据的价值，DI（数据智能）则为数据赋予生命，让数据的价值真正得以实现，为人类带来更智能化的生活体验。"

创立袋鼠云之前，拖雷在阿里工作过11年，曾主导阿里巴巴"去IOE"计划，先后担任嗨淘、无线事业部、数据事业部资深总监，以及阿里云事业群总裁助理。

一起西藏之行的江枫和丁原，是袋鼠云的联合创始人，也都曾任阿里技术负责人。

当时正值阿里云在全国建立合作生态，因为袋鼠云核心技术员工主要来自阿里，合作无需磨合期且关键是技术优势明显，很快成为阿里云优秀的合作伙伴。

"在中国云市场里，阿里云占据50%的份额，但即便如此，他也没办法服务所有的企业。阿里云是大型公共云提供商，优势在底层，我们聚焦垂直细分领域，做精细化服务。我们是合作共赢。"拖雷这样解释他们跟阿里云的关系。

有了这样的天时、地利，袋鼠云跑得很快。

贰
数据里藏着一座富矿

数据是"活"的。

这是智能商业与传统商业的本质区别。

拖雷说，大数据时代的数据，跟农耕时代的土地、工业时代的资本一样重要，引领着人类的新一次变革。但数据是不会说话的，大数据真正的价值在算法。

如何把沉睡的数据唤醒，让它转变为商业价值呢？

袋鼠云提供的方法是"数据智能解决方案"。

拖雷举了一个跟新华书店合作的案例。

传统的模式中，出版社把书放到书店卖，每印100本，可能要销毁50本，有一半卖不掉，造成巨大浪费。为什么会这样？以前有些信息很难做到透明。

而把书店销售情况数字化、线上化以后，情况变了：出版社可以清楚地看到各种各样的书在不同门店的销售情况，不用一次性印很多本，可以根据销售情况进行调配或再印刷，大大节省了成本。

同时，大数据根据各种反馈情况分析出来的销售预测，也能帮出版社判断哪些类型的书好卖，哪些作者的书更受欢迎。比如区块链的书上市销量如何？帮助出版社更精准地去策划选题、选作者。

在整个过程中，数据是"活"的。每个购书者随时都是数据的生产者，而且这些数据被实时收集处理，然后实时再被自己或他人使用。

算法是"活"的。它从真实的场景中发芽，用户对产品、服务的每一次体验，都成为算法迭代成长的养分，使算法敏捷迭代，越来越懂用户所需，越来越聪明地反映商业本质。

用户体验也是"活"的。不再是预先设计的固化的死产品，而是基于与用户的持续互动不断改善，不断适应用户所需，与用户一起成长。

在这个案例中，为出版社节省成本，帮出版社更精准地去选题选材，这两个目的通过大数据的应用都可以完美达成。

这就是被马云称为"新能源"的大数据，充满了魅力和魔力，改变着传统和现在。

"数据本身就是一座矿，只是以前没被利用，一直就在那里。就跟石油一样，你今天没把它挖出来没把它提炼好，它就是一坨油。你把它放到汽车里燃烧了，它才会驱动汽车去跑，才能产生价值。"

拖雷感慨说，在大数据被有效使用前，阿里人也曾相互开过一个玩笑，"坐在金山上啃馒头"，那时的困惑在于，手握数据不知道能干什么。

而一旦数据"醒"了，就会不断激发出新的商业价值。

"这样的智能商业，才是对传统商业的颠覆。"拖雷说。

袋鼠云目前已服务过零售、金融、数字政府、能源和旅游等行业，包括李宁、飞鹤乳业、蒙牛、绿城、上投摩根、国家电网、良渚古城遗址公园、西溪国家湿地公园、杭州西湖风景名胜区、浙江大学、中山大学等知名客户。

叁
让数据来帮忙思考

作为一个曾经的典型技术宅，很长一段时间里，拖雷的世界里只有技术。技术就是他的天。

读大学时他对计算机产生了兴趣，毕业时宁可违约拿着很低的工资，也要进计算机公司工作。他狂热地自学了Oracle，又因为对技术的追求，在2004年放弃稳定的工作，从广州来到杭州。

拖雷本名陈吉平，拖雷是他在阿里的花名，一直用到现在，员工喜欢称他为"拖总"。一位袋鼠云的员工说，在人才济济的阿里，能从《射雕英雄传》里找出个响亮的名字来，某种程度也说明了他的江湖地位。

创办袋鼠云后，拖雷对云计算和大数据进行了非常深入的研究思考和布局。

围绕着数据存（储）、（连）通、（应）用的逻辑，袋鼠云发力数据中台和智能运维业务，研发打造了云原生一站式数据中台PaaS"数栈DTinsight"和数据可视化平台"Easy[V]"，帮助客户建立面向云时代的IT管理体系，提供运维中台设计咨询、产品和运维运营服务的智能运维中台解决方案。

以组货为例，传统模式下，品牌商主要依靠买手进行门店组货，然而买手获得的数据不够全面，无法兼顾多个门店，很难同时兼顾"量"和"款式"。

数字经济时代下，如何利用大数据和人工智能技术实现数据驱动，进行智能化组货，解决传统门店组货的痛点呢？

这是一门技术活。

袋鼠云是阿里云的合作伙伴，基于6000+李宁门店画像和运营数据，他们携手打造了智能组货解决方案。

该方案，基于海量数据分析结果，指导门店运营人员调整店里产品的陈列与区域配置，从而进一步提高店铺坪效。

让计算机来思考到门店的组货该怎么组。

让人来跟踪到门店的组货效果该怎么调。

阿里云和袋鼠云开启的"组货革命"，完成数据中台用数据应用赋能业务，打通了数据价值的最后一公里。

目前在袋鼠云300多名员工中，80%是技术人员。能集聚这么多技术人才，让很多高薪都聘不到技术人员的公司非常羡慕。

拖雷笑着说，技术人员就是喜欢群聚，喜欢扎堆，喜欢往有技术氛围的公司里去。技术越好的公司，越容易聚人，这个就是群体效应。

他不禁有几分小得意。

肆
让更多人了解大数据

袋鼠云官网上有一张拖雷的形象照，身着西装，表情几分严肃，容易让人猜他是个不苟言笑的人吧。

实际上，他挺爱笑，说话爱打比方，擅长用通俗的语言讲技术问题。

2016年他在网上写了不少文章，有《让BAT都疯狂的〈云〉，正在爆发前夕》这样文风幽默的文章；有1.5万字的连续8期《大数据漫谈》，专业而全面，有网友点赞说"通俗易懂"，是看过的"最好的关于大数据和云计算的文章"。

工作中、演讲台上，拖雷像个充满激情、开疆拓土的勇士；私下里，同事觉得他很随和。在一些老员工的眼里，拖雷对工作热情，对家人有爱，有个性，又有点孩子气。

他工作很忙，但只要有时间，他会帮女儿检查作业，也会去学校开家长会。

他是科幻迷，玩过摄影骑过车，创业后很多爱好都顾不上了，但是看书的习惯保持到现在。他经常向别人推荐《三体》，还会在谈话中突然问下属："哎，你们看了吗？"

他甚至要求管理层每个月必须读本书，看了之后还要写感想，互相交流。采访前一个月，他刚读了吴军的《硅谷之谜》。

技术出身的他跟一般程序员最大的不同，是他会用说段子的方式解释计算机方面的复杂问题。

比如他写到云计算，他的段子让我眼前浮现两个好玩的画面：一台浑身插满内存、CPU和硬盘的电脑，同时5000人坐在电脑前加班处理数据。

——这让我牢牢记住了云计算的两个本质：分布式数据存储和分布式数据运算。

拖雷认为，对大数据、云计算的理解，不只是技术人员的事，只有把技术的语言翻译成大家都能听懂的语言，只有更多的人懂了，数据变革的进程才会加快。

作为国内领先的数据智能践行者，袋鼠云深信，很多东西属于未来，袋鼠云就是要把技术、数据应用到社会，让人们生活更美好，社会效率更加提高。

"数据智能，让未来变成现在。"拖雷最后说了句公司的slogan，有点酷酷的科幻意味。

这位杭州创投圈的百晓生，
能做什么别人做不了的事？
助力 1000 家未来独角兽成长。

微链 创始人兼CEO

初见的人称他"蔡总"，熟悉的人叫他"蔡博"，而在杭州创投圈，蔡华更像是一个百晓生般的存在。

如果你能报出杭州二三十位一流投资大佬的名头，说出杭州百家左右独角兽、准独角兽企业CEO的名字，说明你对这个圈子已经有了一定认知和了解。但对于蔡华，这些大佬中的很多人都是他的座上宾。

这些知名投资人和创业者在杭州创投圈所占比例不足5%，更多大众不熟知的名字在蔡华那里也都有据可查，且不局限于杭州，全国创投圈的很多故事他都了然于胸。

他创办的微链APP平台像一座桥梁，一头链接着投资机构，一头链接着创业企业，以促进投融资对接的方式，改变着创业投资的现状。

所以不难理解，蔡华的身影会出现在各种场合。单说2018年最后两个月，11月初的世界互联网大会上，有他；月中的阿里巴巴诸神之战全球创客大赛闭幕式，有他；当月下旬网易中国创业家大赛全国总决赛，也有他。

12月22日冬至那夜，微链办的2018"金芒奖"年度创新创业颁奖盛典，缺不了他；12月26日在浙大紫金港校区举行的"全球浙商创新创业论坛"上，他是演讲嘉宾。

在公众场合他的角色不一，有时候是操盘者，有时候是分享者，有时候是创业导师，有时候是合作伙伴。但一个相同点是，他对创业这件事有足够的了解和热爱。

壹
扎根校园十三年的"浙大范儿"

很难想象，一个人在同一个校园里待了十三年，读完本科读硕士，读完硕士读博士，读完博士再做两年博士后。但如果这个校园在杭州，在浙大，似乎容易理解了一点。

如果这个人是蔡华，一边读书一边创业，还一边思考如何让创新成为未来，这种经历似乎也就不那么奇怪了。

18岁考入浙大生物医学工程专业，因为成绩优异，本科毕业后蔡华被保送直博，这个1981年出生的江苏盐城人，就继续留在了浙大校园。

蔡华外表谦和有礼，脸上总是挂着和善的微笑，但内心里，他喜欢挑战。每天重复的生活，在他看来枯燥无味。他是那种哪怕做个实验，都希望跟别人做得不一样的人。读研一的时候，他就修完了研究生阶段所有课程。

他的专业涉猎广泛，计算机、硬件、数学都要学，人体结构这些基本原理也要懂，同学毕业后分布在各行各业。

2005年，研究生读到第二年，蔡华开始了第一次创业，为互联网教育提供软件加服务。因为之前就在浙大一个远程教育工作室里做课件服务，创业时的选择顺理成章。

他希望通过互联网在教育方面做些探索。这次创业里，浙江省内三分之二的学校都跟他们有合作。因为课程已经修完，蔡华一半时间在学校实验室做研究，一半时间创业，公司就在浙大科技园。一年几百万收入，高峰的时候公司有六七十号人。这次创业不温不火，2012年，蔡华转让了公司，投身投资界。

蔡华总结说，没有在一个合适的时间进入一个合适的行业。当时网络没现在这么普及，账号体系也不成熟，时间点太早了。不过漫长的学习经历和创业经历，让他觉得受益匪浅。

站在行业亲历者和观察者的角度，蔡华认为浙大科技园在孵化方面更为专业。刚开始创业什么都不懂，科技园就帮忙把银行啊，注册啊各种手续都办好，给怀着满腔热情但又处在懵懂中的学生创业者很大鼓励和支持。

也正是这种氛围，催生了后来杭州创新创业界的"新四军"之一——浙大系。

个推CEO方毅、妙聚网络创始人陈博等，都是跟蔡华同期在校园创业的。这些从浙大走出来的创业者，有不少跟蔡华私交甚好，大家会经常聚一聚，有时候也会在公众场合遇见。

贰
对接是一场精准高效的"传送"

一张精心绘制的杭州创新创业地图，张贴在微链公司墙上，杭城的创新企业、投资机构、众创空间分布在地图上各个角落。

2015年微链上线的时候，蔡华已在创业圈、投资圈沉淀了10年。他看到这个时代的创业，跟资本的推动紧密联系在一起。他捕捉到中小创业者的孤独——资源缺乏，人脉缺少，BP（商业计划书）投出去经常石沉大海。他也目睹了一些投资机构的难处——全国几万投资人，由于信息不对称，找到好项目并不容易。

蔡华希望能改变创业投资的现状，搭建一个创业者与投资人直接沟通的平台。创业者的BP可以及时有效地传送到投资人那里，创业者可以找到合适的投资人，投资人可以找到更好的项目。

公司取名"传送门"，这项来自游戏世界的技能，用意很明确：通过传送门，可以快速到达。

微链一上线，很快就引来几万用户，当年就获得天使轮投资，足见融资对接的市场需求。

通过微链APP，创业者可以报名参加全国各类创业活动，可以投递BP寻找"伯乐"。俗话说，千里马常有而伯乐不常有，这是信息沟通低效导致的，通过微链平台实现的社交与对接，将有效抬升信息对接的效率。

中小创业者资源有限，要找到合适的投资机构，花的时间成本可能会非常高。对很多创业者来说，根本就不可能在短时间内找到多位投资人。但微链可以帮忙做到。

二手手机销售平台"找靓机"就在微链平台完成了天使轮及A+轮两轮融资对接。时尚特色伴手礼品牌"熊猫有礼"也通过微链融资服务成功融到千万级Pre-A轮融资。微链根据专业数据分析，为它们匹配了多家一线风投机构，帮助它们在创业路上走得更远。

"一个平台不太可能改变一个项目融资成功的概率，但是我可以帮你把融资效率提高。你接触的范围广了，你的概率也在提高，概率通过效率提升来达成。"蔡华说。

截至2019年底，微链平台上认证的投资人有6000多位，1500多家投资机构，已帮助创业者完成260多万次投融资对接。微链的一个目标是，通过服务1,000,000家创新企业成长，助力1000家未来独角兽，链接100,000家创新生态机构，最终成为最大的一站式创业服务平台。

但实际上，还有很多创业者是不适合找风险投资机构的。这样的创业者需要认识投资人吗？蔡华自己抛了个问题，马上又做出肯定回答。"需要的。他需要对行业有正确的认知，需要积累一定的人脉。"

有个做医疗仪器的项目，行业非常窄，花了两三年时间找融资，在微链对接到投资人之后，投资人告诉他，项目的成长模型不适合融资，然后把投过的一个平台型项目对接给他，对他后面的销路各方面都有很大提升和帮助。

"通过对接，第一，他对自己的融资有了正确的认知；第二，他打通了一个渠道，原来靠自己，信任成本会非常高。"蔡华分析说，每个创业者跟投资人接触后，都会发生一些化学反应，他们可以从中得到新的商机或人脉。

在提供各种投融资服务的同时，蔡华也始终关注全国创业生态，助力创新创业生态建设。杭州创业创新指数报告、南京创业生态报告和上海创业地图的出炉，杭州、上海、深圳独角兽及准独角兽企业榜单、杭州数字新十景的发布，都是他对这个创新时代的观察和表达。

从2016年开始举办的金芒奖，每年请来的评委中，百分之七八十来自外地。邀请36氪等科技媒体的总编、一线投资机构的合伙人做评审，蔡华的"小心思"是，要让他们看到这份清单，看到杭州这么多优秀的创业企业和投资机构。

一些优秀的创业者和投资人，确实就是在他的发现和推动下，被越来越多人知晓。

叁
从未停下脚步的探索者

跟所有公司的CEO一样，蔡华的时间非常碎片化。所以重要会议通常放在晚上开。周一到周六他正常工作，周日不主动安排，主要陪伴家人。但还是会有一半时间被各种事情占去。

学习也同样碎片化，不过效率很高。读书、招聘、看朋友圈是他重要的学习渠道。前阵子公司招聘人力相关岗位人员，他便乘机读了些目标管理体系的书，面试了几次后，他发现应聘者讲的东西几乎没有他不知道的，偶尔他还能给应聘者"上上课"。

他有记笔记的习惯，有什么想法马上拿出手机记下。因为爱思考也喜欢跟人交流，2013年，蔡华与几位合伙人联合创立微信公众号B座12楼，后来他们又联合推出畅销书《互联网思维到底是什么》，堪称互联网思维的布道者。他们在实践中探索检验的互联网行业真理，都被整理归纳于此书。

那个时候蔡华的工作状态是，白天看项目，晚上写文章，周末搞活动。杭州今天很多独角兽企业管理者，那时都参加过他们举办的沙龙活动。

蔡华称2013年、2014年是杭州互联网创业的红利期，正是在那个时期，杭州涌现出了很多互联网创业者。那也是他自认为成长最快的两年。作为互联网项目早期投资人，他曾主导投资小电、亿欧、英语趣配音、创课教育等优秀互联网公司。

他张开双臂拥抱创新，有时候也"玩"一把新事物。2014年，他用4天时间众筹了个"123茶楼"。这个"不分红，不退股，盈亏自负"的茶楼，请了个掌柜来打理，123个股东共同管理，目前已是国家级众创空间。开办茶楼并不是蔡华的最主要目的，他看重的是这些人参与进去的收获。百分之六七十的人都表示物超所值。

蔡华说话有条不紊，什么问题他都能很快总结个一二三出来。不过有一个问题让他卡了壳。当被问到："你信奉什么话？"一直侃侃而谈的蔡华突然停下来，有些窘迫地笑道："这个，我不……擅长。"

他说自己文笔不出彩，他的文章更偏逻辑和思考。他还自曝说在B座12楼写文章时，另两位文采斐然的发起人经常说他表达不通顺，帮他修改。

虽然不擅长制造激动人心的金句，但他平实而理性的语言中有种洞察力，容易令人信服。

他效力过的一家投资公司，曾以投资PE项目为主，他凭着对行业的观察和理解，判断早期项目是方向，而且最大的机会在移动互联网。公司接受他的建议后开始转型，事实证明，那是一条阳关大道。

肆
不断突破的边界和困境

做个创业者，还是投资者？做个观察者，还是参与者？

蔡华明白，不能做一个仅仅行走在岸边的观察者。为了保持对行业的敏感性，更好地站在创业者及投资人的双重角度思考未来微链在产品与服务上的使命，他不仅自主创业，也从未远离过投资圈，每年都会投资几个项目小试身手。

但他非常清楚地知道，当"创而优则投""投而优则创"越来越多交叉时，他的"主业"仍然是创业。通过微链这个一站式创业服务平台，为创业者和投资人提供更多精准、高效的链接服务。

微链给自己的定位，是服务性产品。只不过微链的服务对象，是人群中最具创新精神、最聪明的两个群体，要取得他们的信任和认可，并非易事。

微链上线后遇到的第一个难题：提供什么样的持续服务才能把创业者留下来？

他们把投递从免费改成收费——他们发现好项目非常珍惜每一次投递机会，差一点的、着急融资的项目可能会把1份BP投给1000家、2000家投资机构，而通过价格杠杆，可以合理调节分配机制。

在海量项目的基础上，微链通过AI智能技术，为创业者在线上精准匹配投资人，商业计划书可以在24小时内收到真实、有效的反馈。他们还不断开拓线下场景，通过融资约谈、管家式深度服务等多种形式，让创业者在创业路上不孤单。

比如品牌周活动，2018年11月份微链联合英诺天使基金推出专场，直接对接243位创业者，最终10多个优质项目脱颖而出进入线下对接环节，其中5个项目获得英诺天使投资意向卡，对接过程高效精准。而2018微链年度创投节，联合博将资本、华映资本等机构的百位投资人，以融资直通车的形式，陪创业者温暖过冬，暖心而美好。

这个创投圈公认最好打交道的人，为人温和，他坦承相比之下，有些创业者更具有冒险精神，"如果干打车这种事情，我肯定干不过他们。那种是成王败寇，要冲上去赌一把。"

他不张扬，不强势，但他会找一些方式来弥补。比如说他的性格不喜欢开除人，但如果必须面对，他会通过公司制度性的东西来弥补他的不足。

他欣赏美团的王兴，原因是这么多年王兴很坚持，不断突破自己的能力边界，创新精神和创业精神，在他身上体现得淋漓尽致。

蔡华说自己也一直在追求突破，追求创新，希望在回忆一段生活的时候，有很多值得回忆的地方。

他回忆，最难的时候是2016年底，所有项目都很难，都在反思怎么挣钱。这也是那个寒冬投资人问创业者最多的问题。而以前，投资人最关心的是客户增长和GMV（成交总额）。蔡华跟团队梳理了差不多二三十条有可能盈利的模式，然后一条条去测，他亲自去跑营收。

商业模式这件事，运气好的人测得比较快，可能很快就成长了，运气不好的人，可能错了很多次都不行。踩了很多坑之后，微链终于找到适合自己的模式。

作为微链APP的一个功能模块，微链活动平台已成为国内最大的创业活动发布平台，在创新创业中发挥着越来越重要的作用。截至2019年底，微链平台累计发布优质创业活动4.1万余场，吸引活跃活动主办方2.1万余家，报名参与者91万余人次，活动覆盖150多座城市。在协助政府双创服务和人才招商引资的过程中，微链的优势也越来越突显。

见多了创业中的起起伏伏，蔡华说自己可能会更加冷静、客观。他觉得创业者只有构建行业壁垒，并坚持下去，才能做到独一无二。

"我们也在思考，微链有什么是别人做不了的？我们有几十万项目可以挑，别人做不了。"

这个不会盲目乐观，也不会轻易悲观的创始人，2020年第一天在朋友圈晒了这么一句话：2020，多么美好的数字。表达了他对2020年的期望和祝福，更传递出一种坚定不移的信念。

给孩子一个无边的世界，
我们做守护者。

KaDa故事 创始人
谢琳斐

谢琳斐的每一次人生选择，都在不同寻常中透着股坚毅。

2003年，在杭州一所重点小学教了一年英语后，她辞职去了阿里巴巴。吸引她的是阿里巴巴的企业文化，比如说阿里巴巴会给员工讲客户类型——老虎型、孔雀型、无尾熊型、猫头鹰型，她觉得那是个充满魔力的有趣的地方。

2011年，她只身去了澳洲。虽然随着公司上市，她拿到了第一桶金，职业有非常好的发展，但一个小小的梦想始终在心中鼓荡：她想去看看外面的世界，想去感受一下中西文化的差异。她给自己的期限是5年。

——那一次，她提了23公斤重的行李到了澳洲南部，再往南，就是南极。没有朋友，从头开始。

2015年，她回到杭州，开始了人生第一次创业。几个阿里的老战友聚在一起，希望用他们的互联网思维为孩子做一点事。

——阿里巴巴已经成功地把物质的流通变得超前便利，那么能否通过互联网，将优质的精神食粮传播到祖国每一寸土地？让不同地方的孩子都能看到世界的景点？

到2019年上半年，她创办的KaDa故事，用户已突破2000万，覆盖全球194个国家和地区，成为深受孩子们喜爱的儿童启蒙阅读平台。

壹
故事里有一个无边的世界

2015年回国准备创业时，熟悉互联网的谢琳斐发现了一个现状——互联网惠及的都是大人，完全为小孩子服务的平台其实很少，尤其在儿童精神文化消费领域。

将国内和海外的APP进行比较，她一眼就能看出区别。国内给孩子的APP往往充斥大量文字，各种分类以及引导性的文案，分明是给家长看的。她决定设计纯粹的、契合孩子体验的产品。

在澳洲教书时，她曾接触过不少优秀的儿童数字阅读平台，她认为故事是真正能引领儿童进入启蒙教育的关键钥匙，她决定把故事作为切入点。

她这样理解故事的魅力和重要性："孩子认识世界就是从故事开始的。《人类简史》里怎么讲？人类进化就是因为相信一个又一个故事。好的故事会影响孩子一生的幸福。"

KaDa故事成立了，比同类关注儿童的平台更"任性"。不教孩子识字，不教孩子拼音，不教孩子数数，就给孩子故事。

在KaDa故事，可以看，可以听。内容有经典绘本，有不朽童话，也有学科故事，丰富多彩，适合全家人。

"我们想给孩子一个无边的世界，我们要做守护者。"这是KaDa故事的理念和共识。

为做好这件事，KaDa故事团队配置相当高：内容总监来自阅文集团，平台和技术方面的leader来自阿里，CTO来自腾讯。

会聚这么多高手，还有一个原因是，谢琳斐相信"时间到了"。

"第一是大屏手机和移动端的出现，第二是移动互联网以及移动支付的普及，基于这两点，我们认为，做儿童的移动互联网时机成熟了。"

2015年10月上线，仅半年多时间，用户数便突破百万，一鸣惊人。

贰
回到根本，从孩子认知发展的角度选品

曾经有个同事到上海出差，看到一个妈妈追小男孩，边追边说，"再不听话晚上就不给你听KaDa故事了。"

想象着这个场景，谢琳斐开心地咧嘴笑，KaDa故事的受欢迎程度可见一斑。

如果登录KaDa故事APP，恐怕没有几个小孩会不被吸引。瀑布流布局的页面，照顾的是孩子的视觉，手指轻划，看《小熊维尼》《海底小纵队》还是看《荒原狐精》《辫子》，全凭孩子喜好，选择的主动权还给了孩子。

KaDa故事上的30000+优质内容，来自全球各地，由专业的团队精挑细选。

获得过什么奖，或某位大咖说好，都不是标准。KaDa故事跟高校的学前教育研究机构合作，从孩子认知发展的角度寻找优质内容，这是他们坚持的根本。

为什么《大肚皮转转转》2岁的孩子喜欢看，反复看？因为2岁的孩子开始对转的东西特别好奇。

"不同年龄阶段的孩子心智特点和认知程度不一样。给他适合的东西，他就很喜欢，很容易就把精神营养吸收了。"谢琳斐解释说。

从用户角度出发，KaDa故事根据儿童启蒙教育底层逻辑，科学搭建了包含自我成

长、社会认知、科学探索、艺术启蒙、语言文化五大领域的内容体系，根据不同领域精心制作了"生命教育""艺术审美""情绪管理"等主题，每个主题6—30个内容，不动声色地把教育隐藏在故事里。

KaDa故事页面简单，主要由绘本和听书组成，点开"绘本"，精美的画面配上好听的声音，可以边听边看。听书则是把不适合看的文字类内容做成音频。故事听完，还会有一些趣味问答和勋章奖励。

相比较目前国内故事类APP"听故事"的主要形式，KaDa故事的优势在于"数字阅读"——真正拿到版权，在移动端上，绘本的内容一页页原汁原味呈现给孩子。

为此，KaDa故事跟包括The Walt Disney、中国少年儿童新闻出版总社等在内的全球300多个著名内容机构建立了合作，成为国内为数不多的注重内容授权的平台——这花了他们不少精力和财力，但谢琳斐觉得很值。

除了引进国际国内的名家名作、和机构进行经典IP制作和联合研发，KaDa故事还大力扶持了原创的绘本生产者，杭州的《阿咪虎》、北京的《熊小米》等优质对象，就是被谢琳斐像"星探"一样发掘出来的。

摆在孩子面前的，都是从浩瀚书海中挑选出来的珍珠。你可以这样理解KaDa故事的内容——这等于是为孩子们做了一个精选的数字图书馆，画面、声音、互动多维度呈现，孩子尽可遨游其中。

300多个内容机构，100多位主播，大量原创作者——KaDa故事就是一个充满无限生命力的平台，一端连接内容出版，让很多优秀的国内作品崭露头角，从生态源头为行业赋能，一端连接儿童教育，成为妈妈们的好帮手。

叁
一双看见彩色的眼睛和一颗正能量的心

读大学的时候，心理学老师讲到气质类型时说："多血质气质，请看谢琳斐。"

谢琳斐是典型的多血质，富有朝气，热情活泼，思维灵敏，最重要的，跟她交谈五分钟，就能被她身上的积极向上情绪感染。

在杭州的创业圈、投资圈，她有不少好朋友。她喜欢跟投资人、创业者交流，她觉得这是学习的好途径，能让自己成长特别快。

如果说她的积极向上是性格中带来的，那么KaDa故事小用户的积极向上，则经常让她充满感动。

有年暑假，一个青藏高原的孩子写信说，假期读了700多个KaDa故事，以前一年都不一定有机会读7个故事。看得谢琳斐差点掉眼泪。

还有一位读幼儿园的小朋友，是耳蜗小宝贝，不习惯听电子产品的声音。3岁时妈妈给她讲了第一本KaDa绘本，从此以后她每天晚上最喜欢的事情就是听妈妈讲故事，一听就是四五个。她让妈妈给KaDa故事留言："从绘本中我读了很多关于成长的故事，让我明白其实我的耳朵和爸爸的近视眼一样是一件很平常的事情，我是一个快乐的小孩哦！"

这就是阅读的力量。这就是KaDa故事的意义。

"通过优质的内容，我们希望孩子有一双看见彩色的眼睛，和一颗正能量的心。"这是谢琳斐的初心。

2016年6月，KaDa故事获得华睿投资和元璟资本的Pre-A轮投资。2017年9月，A轮融资由知名教育科技企业好未来领投。

如果说跟阿里的相遇，让她从一名教师转型成了互联网人才，跟好未来的相遇，让她重新回到了教育圈子。

谢琳斐认为创业是有灵魂的，她对教育的情怀越来越深。

有一次他们拿着国内优秀的原创绘本《阿布有了个妹妹》到三四线城市，这本讲二胎关系的绘本，在一、二年级的教室里放，窗口趴满了五、六年级的哥哥姐姐。

这让谢琳斐有了更多的思考。KaDa故事的内容未来可以免费送给贫困山区的孩子们，她还设想了"一帮一"的活动——比如一、二线城市的孩子买一个产品，KaDa故事就送三、四线城市孩子一个同样的产品。

"今天只要有宽带，不管你身处几线城市，不管你的父母有没有钱，有没有文化，都可以享受到跟一线城市一样的优质的内容。"

互联网促进了阅读资源、教育资源的平衡，互联网为教育插上了翅膀。

最让谢琳斐开心的，是这样一组数据——KaDa故事的小用户日均阅读四本绘本，有的孩子一年能读上千本书。

"每天读四本书，你说这个民族的未来会是怎么样的？"谢琳斐的眼睛里充满自豪。

肆
KaDa故事的未来在眼前，也在远方

谢琳斐模样甜美，说话轻柔。不过，这只是她的外表。

实际上，她是外柔内刚的人，永不服输。

读书时她一直是学霸，大一就顺利通过英语六级，大二背完了整本牛津英语辞典。

在阿里，从互联网小白到金牌销售，她只用了三个月时间，然后做到阿里高级市场经理。

在澳洲，她用半年时间把自己安顿好，成为优秀的双语教师。要知道，一个异国人快速地融入当地主流社会，并不容易。

她刚强、智慧，自身的经历让她对互联网和教育有独到的理解，推着她不断往前走。

坑是踩过的。最早他们做过iPad版，想当然觉得大屏够方便，半年下来发现用户量很

少，因为iPad在中国的市场份额不到百分之二，赶紧开发手机端，目前KaDa故事全版本都有。

一次次决策中，KaDa故事的发展思路越发清晰，几十家智能硬件都成了他们的合作伙伴。

包括天猫精灵、叮咚音箱、小度音箱、步步高儿童学习机、小天才儿童手表等，都能听KaDa故事。

谢琳斐说："童年很短，让更多的好故事，尽快跟孩子见面。"

所以不管是小屏大屏，不管是电视机还是智能硬件，只要孩子看得到的地方，就有精彩的KaDa故事。"KaDa故事everywhere，无处不在"。

KaDa产品的自动出海，靠的是口碑相传，目前用户已覆盖了194个国家和地区。

KaDa故事逐渐构建起的中国儿童数字阅读新生态，赢得了越来越多国内外内容出版企业的认可。

2018年8月底，KaDa故事的数字内容合作阵营又加了两个新伙伴——在北京国际图书博览会上，KaDa故事分别与法国最大童书出版集团巴亚（Bayard Presse）、全球著名IP授权运营商SG Studios签订内容合作协议。

通过与海内外更多儿童内容出版机构合作，KaDa故事将把全球最优质的儿童内容带给中国孩子，也让全球孩子感受到中国文化的魅力。

谢琳斐认为，KaDa故事是物质文明满足前提下的一个产物，KaDa故事要做的是未来。三五年后的市场，必迎来一个爆发。

"现在还只是个开始。"谢琳斐温和而坚定地说。

这位人生开挂的 70 后，
把公司做成准独角兽，
攻下全国百余城，
要用互联网技术改造医疗行业。

微脉 创始人、CEO

2018年8月份一个炎热的下午，面对一群到访者，裘加林兴致勃勃地介绍他的微脉，说到兴头上，他站起来，"我还是写下来吧，更直观一点。"

微脉会客室靠近窗户的柱子上有一块大玻璃板，他从沙发这头走到窗户那头，拿起笔在玻璃板上画坐标图，边画边解释。

几乎所有来访者都把身体扭转180度，目光追随着他，甚至不少人围了上来，站在旁边听。

跟多数创业者一路走一路摸索稍有不同的是，他在创业之初就对未来思考得很清晰，很明白。

裘加林是一个行走在实践中的理论派，一个善于观察、善于总结的创业者。微脉发展背后，有很多他的理论在做支撑。

那天，面对来自杭州市创投协会的客人们——一群关注创新力量的人，他分享了他总结出来的"互联网医疗的四个阶段"，他认为微脉正走在3.0向4.0迈进的路上。

其中最本质的区别在于，3.0和4.0阶段的互联网医疗都与数据有关，通过连接医院和第三方健康服务平台，基于患者和用户的医疗健康大数据，为百姓提供精准的互联网+医疗健康服务。

在那之后一个月，微脉传来B轮融资3000万美元的消息。2019年6月，微脉又获得了IDG领投的新一轮1亿美元融资。

对于一个方向明确，在理论指导下迅速前进，成立当年就获得阿里巴巴十八罗汉吴泳铭、腾讯联合创始人吴宵光和源码资本曹毅的Pre-A轮投资的公司来说，在通往独角兽的路上，这样的消息并不突然，一切水到渠成。

壹
医疗还没有被互联网狠狠改造

埋头前行整整三年后，2018年9月13日，裴加林的微脉成了很多媒体的主角。

这一天，微脉宣布完成3000万美元的B轮融资，融资由千骥资本领投，元璟资本、源码资本、经纬中国及微脉创始人裴加林个人跟投。

晚上，裴加林做客网易创投类直播节目《创世纪》，在微脉的会客室里与杭报传媒资深媒体人邵双平对谈。

如果用一句话来快速理解微脉，就是裴加林的比喻：三四线城市的"微医+好大夫+支付宝"。

他描述了一个场景：你去医院看病开了药，晚上回到家吃了药吐了，怎么办？要不要紧？通常情况下，你可以再跑到医院咨询，但白天给你看病的王主任未必能找得到。可是通过微脉平台，你可以及时地找到王主任，向他咨询。

这就是微脉在做的事：基于城市为单位，覆盖当地大部分的医疗机构和资源，通过打通线上线下医疗健康服务，向用户提供基于互联网的一系列精准的医疗健康服务。裴加林将微脉定位为"本地化基于信任的医患服务平台"。

最早学通信工程的裴加林喜欢思考和琢磨，他认为所有事情都可以通过数学和经济学的模型来解释。他总结过行业发展周期理论，对互联网医疗健康行业也有独到见解，他把互联网医疗分为四个阶段，四种模式。

1.0 阶段的"浮云模式"，出现于10年前，大家通过论坛沟通，形成了医生和医生、医生和患者的沟通平台及社群。裴加林称其特点是：与医院无关，与数据无关。

出现于七八年前的"浮冰模式"，是2.0阶段，医院对互联网开了一扇小门，出现了预约挂号，但是没有数据沉淀。

微脉开创了3.0阶段的"冰山模式"。这个模式以城市为单位，在线上不仅可以实现预约挂号，还可以实现就医支付、医保结算、报告查询、处方共享和流转、接诊医生线上咨询等功能。它不仅与医院有关，也与数据及支付有关。

而到了4.0新医疗阶段，将真正做到"以患者为中心"，以家庭医生模式，开展连续、精准、信任的个性化医疗健康服务。

跟其他类似的互联网挂号平台、实名制医生的问答平台相比，微脉打造的新型医患信任服务关系更接地气。

为什么要做互联网医疗健康？

在《创世纪》直播中，面对邵双平的提问，裴加林给出的答案是，互联网+几乎席卷了一切领域，可是对医疗的改造并不明显，"还有什么事情让你脑子里出现两个字：找人？十年前买火车票，找人找关系，现在不用了。可是看病在很多情况下还要找人。"

裴加林发现，对于医疗行业而言，"供需"矛盾一直是无法回避的问题。别说创业企业，就连BAT，在互联网医疗几百亿元的投资，至今还未有实质性的改变。

2015年，裴加林果断入局。

贰
未来一定是患者在哪儿，服务在哪儿

裴加林胸前的工作牌上，有他的花名：无名。这个来自《本草纲目》的名字，是"开心果"的学名"无名子"的简化。为表示对他喜欢的老庄孔孟等先贤的尊敬，他把"子"去掉了。

生性乐观的裴加林认为，创业就是要让所有人开心，成功、赚钱都只是顺带的事。而且他越来越发现"无名"是个好名字。

比如开车到一条新修的道路上，导航会提示说"无名道路"，"互联网医疗不就是在探索一些新的东西吗？到达别人没有到过的地方？我们正走在无名道路上。"

在这条探索之路上，微脉的使命是"让医疗健康服务不再难"。裴加林希望基于医院来重构医患连接，就如微脉的LOGO一样：问诊的医生和寻医的病人，手牵着手。

裴加林自己以及他的家人，有问题都习惯了上微脉咨询。而微脉在三四线城市工作的同事，能更多、更直接享受到医疗的便捷服务。

微脉金华的主管蔷薇是两个孩子的妈妈，每次上医院前，都会先通过微脉挂号预约医生。身边的亲戚朋友，知道蔷薇看病有"门路"，也都每次找她。

婆婆在兰溪老家摔到脚，那边打来电话，她这边赶紧就在微脉上预约，等婆婆来到医院，不用多等马上就可以"无缝对接"看医生。

在微脉"我的医生"列表上，蔷薇有包括儿科医生在内的好几名医生，分别来自金华几家大医院。因为形成了医生和病人间基于信任的连接，看病可以不受时间、地点所限。

暑假在老家，有天傍晚去散步，儿子不小心脑袋撞到了广告牌，鼓起一个大包。蔷薇很担心，要不要去医院？她登录微脉向她的医生求助，医生刚好在，马上在线回复咨询。因为没出现呕吐等症状，医生告诉她无大碍，让她注意观察，并告知消肿的办法。几天后，孩子就没事了。

这是裴加林理想状态下互联网医疗的样子，以家庭为单位，所有家庭成员都能找到和连接到自己熟悉的、信任的医生，互联网医疗可以持续地提供咨询和健康管理服务。

而微脉倡导的就是以信任为基础的医患互动，上述事例中的蔷薇也正是微脉定义的"家庭首席健康官"的角色。

"新医疗一定是以患者为中心的服务，患者在哪，服务在哪，不一定非要到医院去。这是将来的模式。再往后推3—5年，会发生什么呢？每个病人有熟悉的医生，每个医生有相信他的病人。"

为每个用户提供至少一项精准的专属服务，也正成为微脉塑造竞争力的重要方法论。

"微脉的目标是'人人拥有健康档案，家家拥有家庭医生，城城拥有网络医院'。"裴加林说。

叁
不是取代医院，而是解决医院没有解决的问题

裴加林善谈，讲起话来思维活跃，条理清晰，像个充满激情的80后，实际上他是70末企业家。

在医疗行业深耕十年，他对医疗健康的思考和见解，比一般人更深刻。

他是国内"智慧城市"理念首创者之一，2010年出版了全国第一套智慧城市系列丛书及《智慧医疗》专著，曾领导企业连续获得2008—2013国内移动医疗解决方案排名第一。

创办微脉时，他将日期选在9月9日。其中的寓意，是希望这个日子像淘宝的"双11"那样有一天深入人心，成为"99健康日"："希望全天下的父母、子女都为家人的健康去做一些事。"

"购物上淘宝，看病用微脉"，也成了微脉地推时的口号，简单，直白，容易记。

通过微脉看病的人很多，寻医问药、暖心问诊的事每天都在发生，有一件事格外触动他。

一个生活在单亲家庭的初中男孩，患了抑郁症，买好农药想自杀。恰好当时微脉在当地推广，自杀前他决定找医院心理科医生聊一聊，花了十块钱咨询医生。这个孩子引起了心理医生的重视，后来在医生的多次开导下，他渐渐走出了抑郁的阴影。

这件事带给裴加林很多思考，假设没有互联网医疗，孩子会主动去医院寻求帮助吗？假设我们得了病，虽然难受但不致影响到工作、生活，考虑到时间成本、排队的烦琐，是不是多数情况下会选择自己撑过去？

裴加林发现，其实有很多需求并未被满足，患者并非都找到了合适的就医渠道。

"帮助到了原先不能涉及到的人，这个才是价值。互联网医疗干什么？不是取代医院，而是解决医院不能解决的问题，通过互联网覆盖到更多地方，帮助更多的人。"

这坚定了裴加林的决心，要把微脉做成中国最大的互联网医疗健康服务平台。

微脉的做法是：以城市为单位，覆盖当地70%以上的医疗资源——唯如此，才能最大化提高用户覆盖度及服务覆盖度，实实在在为用户和医院提供高效便捷的连接和服务。

战略上，裴加林选择了"农村包围城市"的路线，连接主要的三四线城市。

从2015年连接富阳、贵阳开始，到2016年的黄石、漯河、湘潭，2017年的金华、台州，2018年的沧州、荆州等，短短4年时间，"互联网+新医疗"的微脉模式延伸至全国20个省份，百余个合作城市，500家合作医院，平台用户超千万，服务覆盖超2亿人口，每天服务超50万人，吸引了10万名医生在线上提供超过12000种医疗健康服务。

全国地级城市，微脉入驻1/3。

下一步，裴加林说，微脉将布局更多城市，服务更多的用户，"下一阶段目标是 150城"。

肆
云雾散去后，有很多山比你更高

创业后，"忙"成了裴加林的关键词。以前打篮球、打网球的爱好，现在很难顾及到了。

"基本上就把自己牺牲掉了，现在的爱好就是把企业搞好。"

甚至《创世纪》节目直播那天，他也一直忙到节目开始前，晚饭都没有吃。

他说创业是件苦差事，受创伤、受打击是必然的，而且成功是小概率事件，一定要做好心理准备。

然后他话锋一转，谈起了正能量，这是他更乐意谈及的话题。

"我常跟员工讲，要勤快一点，多付出一点，无论遇到多大的困难，都乐观一点，'没事，好的呀'，鼓励别人，你就慢慢成为人群中很积极的那部分人。别人看到你就是满满的正能量，就愿意围绕着你，跟你一起做事。"

读大学时，裴加林读了不少卡耐基的书，他说卡耐基的书很符合他的心态。卡耐基说过的很多励志语言，现在他都能熟练背下来。

也正是因为勤快、肯吃苦、热情、积极向上，他爬过一座又一座高山，处处是人生赢家。

大学毕业后在外企工作，他是最年轻的部门经理，2001年他就拿到1.58万元的月薪。

2003年，在世界通讯展上，他是最年轻的演讲嘉宾。别的专家都40多岁，他刚刚25岁。

30岁时，一个项目他能销售一个多亿。在浙大攻读MBA后，他成为中国第一批创业板上市企业联合创始人，那时他32岁。

他的人生简直就是按照他毕业时给自己写的"五年规划"铺开的——25岁做技术专家，30岁做营销专家，35岁做管理专家，40岁做企业家……

创办微脉的时候，他实际上才38岁。而这也是他人生最重要的一次选择。

"自己站在山顶，觉得很牛，当云雾散去之后，发现边上有很多山，比你更高。"

他在山顶看到的，是互联网大潮，心里一颗拥抱互联网的种子在疯狂发芽。他选择了下山。

外企7年，创业板上市公司7年，他决定再爬一次山，从头再来。

第二次创业，他给公司起名"求是同创"。"求是"来自浙大校训，公司英文名是"求是"的英文谐音"choice"。

"选择永远比能力重要，爬什么山决定了最终达到什么样的高度。我山选对了，肯定会比你高。"

最近几年，远程医疗、分级诊疗、健康医疗大数据应用、医生多点执业、家庭医生、促进"互联网＋医疗健康"发展等中国各项医改政策纷纷出台，正是基于此，裘加林判断现在是互联网医疗大发展的好时候。

他认为，互联网医疗的核心，是通过互联网技术提升医疗服务效率，创新医疗服务，增加服务供给。

而微脉要做的，就是服务更多的人。"让更多的患者就医不难，也让更多的医生用专业水平去帮助更多人。提高医生的自主服务能力，拓宽医院服务能力的边界，把整个社会的服务水平提升一个档次，这是互联网医疗能干的事。"

正如裘加林自己所说，选择之前穷尽了所有的思考，选择之后，要做的就是坚持和努力攀登。

神汽在线 创始人、CEO

她是浙大系，也是阿里系，
不过故事早已开始。

向学晖

临近约访时间，通往2楼的台阶上传来高跟鞋清晰的"嗒、嗒"声，一直面带微笑的96后助理欢快地说：公主到了。

公主指的是神汽在线创始人、CEO俞霁眯。

如果搁在几年前，这么酷暑难当的夏日，俞霁眯肯定会找个时间出去旅游。她一定会选一个海边的城堡，或者一家星级酒店，跟家人共度悠闲自在的时光。

可是自从创了业，时间都给了工作。

她从暑气中走进涂着粉色墙壁的办公室，一边礼貌地请来访者喝茶，一边往香熏机里滴精油。她的办公室也是员工平日讨论问题的地方，会议桌两侧摆放着欧式扶手椅，包裹着柔和的孔雀蓝绒面。这是我见过的最具女人味儿的办公室。

创业之前她在阿里做高管，公主的花名是阿里同事私下叫开的。因为她总是过得很开心，从内到外弥漫着公主气质。那时的她喜欢穿蕾丝衣服，喜欢穿娃娃领，喜欢蝴蝶结，喜欢头上有花。

似乎很难让人把举止优雅的女性，跟汽配、维修这些听起来很糙的事情联系在一起。

汽车后市场，那应该是男人们厮杀拼抢的战场。可是，一位公主闯了进来。

壹
两年多成为准独角兽

俞霁眯是个爱钻研，做什么事都特别专注、执着的人。

比如说有段时间她迷上了摄影，特别专注地拿着相机到处去拍各种美景，为此还获得某摄影大赛的三等奖。

再比如说创业期间她曾尝试去卖水果，硬是逼着自己把对榴莲的情感从"讨厌"变成了"爱"。

对于汽车后市场的深入了解和投身其中，依然是这种性格催生出的反应。

一个很偶然的机会，有阿里同事向她咨询车后市场，她开始关注这个行业。一向商业敏感度很强的她发现，这个市场蕴藏着巨大商机。

"有朋友拉我去就做了，原本只想做个顾问，没想到一不小心在这个市场做了五年多。"她笑着说创业的缘由。

离开阿里后，她先后创办了两家汽车后市场公司。神汽在线成立于2015年10月。

当时的汽车后市场哀鸿遍野，汽车O2O创业圈里，上门洗车、上门保养等项目，都没能逃过厄运，一大批创业公司面临发展困境，贱卖、倒闭者不计其数。那是一个资本的寒冬。

一片萧条中，神汽在线却在成立次月，就获得了两轮数千万元Pre-A融资。

行业涌入者众多，但平台交易模式，神汽在线是第一家。

那时候汽配领域更多的是自营模式，自己进货，自己卖货，她创立的第一家公司淘汽档口就是这种模式。这家公司曾估值10亿元，后来被京东收购。

第二次创业时，俞霁眹对汽配行业有了更深刻的理解。相比自营打法会带来巨大的资金压力，而且有品类扩展的困难，神汽在线选择了平台模式。平台一端是供应商，一端是汽修门店，通过把卖家和买家联系到一起，为商家交易提供平台，释放了自身库存压力，也可以利用平台优势把需求扩大开来。

在汽车后市场交易中，采购价不透明、信息不对称，是行业的一大痛点。传统的代理制中，供应链层级多且杂乱，每一级都要赚一次差价，而通过互联网可以去中间化。

通过神汽在线，海量的买家可以找到海量的卖家，一个最直接的好处是，降低交易成本。"感觉又回到了阿里巴巴电商交易的模式。"俞霁眹说，这次创业让人比较自在。

神汽在线提供的是全品类、一站式汽车配件供应链服务，汽车配件、汽保工具、机油养护、汽车用品、轮胎电瓶等与汽车息息相关的商品，在这里都能找到。

除了品类齐全、价格便宜，神汽在线还提供维修资料和技术。通过神汽在线，山东潍坊的维修者更容易买到各种优质低价的非常用配件，内蒙古偏远地区的汽修店老板可以学到新车型的维修方法。遍布全国各地的用户，从中受益。

经过深度整合供应链，神汽在线目前集聚了37万家汽配供应商和70万家交易合作汽修店，年交易额超过40亿元。

2018年初，第二届万物生长大会首次发布了"杭州一亿美金以上公司（准独角兽）"榜单，刚刚成立两年多的神汽在线荣耀上榜。

贰
用科技治疗行业服务的痛点

汽车后市场是一块超乎人想象的诱人大蛋糕。

根据中国汽车流通协会发布的数据，预计到2020年，车后市场的规模将超过1万亿元。在万亿级别市场的吸引下，京东、阿里、国美、苏宁等巨头纷纷入局，900多家新玩家前赴后继跳入战局。

但从2011年发展到现在，真正活下来的只是寥寥，而且这个领域还没有出现龙头企业。要想在这个战场上取胜，必须不断探索，不断创新。

曾经在IT界叱咤风云的俞霁睬，对科技的力量深信不疑。她认为只有通过互联网+科技，做好后市场的服务，才能打造全新的汽车生态圈。这也是神汽在线的目标和使命。

从2018年初开始，神汽在线从平台型公司往科技型公司过渡，以AI互联网为基础，致力于打造专业的"汽车全生态智能服务平台"。在电商的客户基础上，这种转型，是业务发展水到渠成的结果，也是市场的需求。

他们开发出新项目"一键代发""神汽链"汽修门店管理SaaS系统等，目前付费会员店已超3万家，"神汽链"系统的交易额已经过亿元。

近期发展起来的集团客户，是神汽在线的业务向消费端的有效延展。俞霁睬认为，汽车后市场需要好的管理工具，这样才能做好服务。

汽车售后市场中，一直存在智能化程度低、服务能力不均、产品质量参差不齐等消费痛点。比如在维修方和消费者之间，因为存在行业的"潜规则"，价格及产品流程都不具备公开透明性，极易让车主对汽修店产生不信任感。

俞霁睬把所有痛点归结为一个症结：行业的标准化。

在蓬勃发展的汽车后市场，缺乏从国家、行业到企业的统一规范和评定标准，导致行业发展混乱，车主也无法对维修门店进行有效甄别。

而通过神汽在线，在大数据的技术支持下，以SaaS系统为纽带，再加上AI技术和智能管理软件，软硬件打通后，从交易开始到维修落地，实现了内部的闭环，从而可以赋能合作的汽修门店，帮助其实现一站式、在线化、智能化服务。

以开通了"神汽链"门店管理系统的下沙远程汽修店为例，一辆车送进来维修，从进店到离店，其间维修的每一个环节都可视化，用的什么配件也有质量体系可以追踪。数据可查，配件可追溯，管理流程也上了新台阶。

俞霁睬乐观地表示，现在有5G技术，当技术可以保证视频同步，"肯定会对维修行业的标准化带来革命性的好处"。

相较于传统维修中只有手工单，甚至只需要打个电话、拍个照，现在有了神汽在线这个第三方的服务和监控，切断了猫腻存在的空间，也让服务更规范有序。通过配件标准化、流程标准化、维修工时费标准化，车主满意度提高，汽修店也越来越符合大公司客户的要求，能接到更多更大的单子。

下沙的远程汽修，每月10万元的订单从天而降，才过去4个月，原本1000平方米的办公区就不够用了。

但一切并非那么容易。

最难的地方在于习惯的培养。让从业者一点点从无序的操作流程中改变多年的习惯，这是一个比较大的工程。

解决办法更多是依靠运营团队与商家点对点沟通。有数据显示，最初的一年时间内，神汽在线的线下团队拜访过的汽配商家超过十万，覆盖全国20多个城市。

尽管不易，但俞霁睐一直相信自己的判断和选择，她觉得"创业是一件勇敢者的事情"，她能做的，就是坚持走下去。

"一路上肯定也有很多人曾经相信，但是放弃了。只要你坚持过，相信过，即便没有达到，一定也会得到别人看不见的收益。不一定是钱财，可能是另外一种收获。每一种经历，上帝都给你标好了价值。"

说完这句话，浙江大学中文系毕业的她忍不住笑了："是不是很中文系？"

叁
女性的直觉和智慧

神汽在线位于杭州城西的西溪创意园。走一圈会发现，这里年轻人多，花花草草多。

公司一半以上是96后，每个工位上都写着花名。一个项目完成了或是难题攻克了，项目组的年轻人会挥起拍手器，为自己加油鼓劲，激情满满。

美丽的鲜花绿植基本上是俞霁睐的手笔。她在家里也养了很多花，绣球花、玫瑰花、各种稀罕的杜鹃花，养花弄草让她愉悦。

俞霁睐说，你的灵魂中可能住着两个人：一个是特别要强，特别喜欢把事情做到最好结果的那个人；另一个向往公主般的生活。她觉得每个人的生活中都存在一个童话般的世界，在那个世界里有一个属于自己的美丽花园。

她对生活最大的梦想就是做一个庄园，种各种花草瓜果。

这两个她，一个有着中文系的浪漫，一个有着阿里系的要强。

她属于纯正的浙大系，也属于地道的阿里系，但她的故事，实际上早就开始了。

俞霁睐出身书香门第，父亲、姐姐及很多亲人都毕业于浙江大学，她遗传了读书好的基因，也进入了浙大。

虽然读的是中文，但她展现出了经商的天赋。在她眼里，从来不觉得有什么东西是卖不出去的。

7岁时，她帮爷爷卖芹菜。读大学时，她卖过丝绸衣服，卖过改良的磁卡，她还干过为培训班抄信封的活，功能类似于现在群发电子邮件。活接过来，让宿舍人帮忙抄，她"中间商赚差价"。

做这些事，她说自己没有什么客观依据，凭的是直觉。

大学毕业那年暑假，她到南方晃悠，从广州进了两纸箱类似商务通的掌上电脑，到工厂去推销。20世纪90年代，这种掌上电脑是高科技产品，很多人没见过。要把它的强大功能说清楚，是需要一些本事的。

有次坐火车去深圳，在软座车厢，她成功把货推销给了两个人。第二个人是一家公司的老板，他说："剩下的我都要了，但有个前提条件，你能不能来我公司上班？"

俞霁眯记得很清楚，那次结账2.98万元。她心想，这能买多少好看衣服啊？

不到一个月卖完了掌上电脑，俞霁眯也去了那家科技企业。然后用了7年时间，她从业务部的副理做到了CEO。

那家公司叫美格科技，她在职期间公司上市。她首创的事业平台制渠道体系，至今仍被三星、TCL等大公司采用。

她很会赚钱。正式工作之前，她有10万元存款。后来回杭去阿里时，她已经在IT公司拿了好几年的百万年薪。但每一次开始，她都全力以赴，专注当下。

在阿里第二个月，她的业绩就超出KPI一倍以上，维持了很久的TOP。后来出任阿里巴巴B2B渠道开创者之一。

跟以前工作上的所向披靡相比，这几年自己创业，是在打一场硬仗。

俞霁眯说，前两年也想着做快点，赶快做到上市去环游世界。现在的敬畏之心比当初多了很多，让她觉得对汽车后市场不能那么着急，需要更长的时间让行业沉淀。

神汽在线有来自阿里巴巴、淘宝、支付宝资深管理层、技术专家、运营专家的核心团队，也有大量毕业不久的90后、95后。

对这些年轻人，要付出10倍的耐心和努力去教育和培养。俞霁眯在公司不发脾气，但偶尔会遇到脾气不好的下属。她不会选择"正面刚"，"看对方要爆发了，你就先撤了"。

她柔声细语地解释说："一个CEO做事情总是要特别平稳，特别是一个女CEO，处理事情有女性化的特点。你要允许他们犯错误。"

问这位自认很爱折腾的女CEO，会对创业时的自己说句什么？她笑着脱口而出："好好在家待着，不要出来（创业）。太累了，创业不是女孩子干的事情。"

然后她话锋一转："创业就跟孩子一样，最好不要让他生下来，生下来了你就得好好待他。我是爱担责任的人。"

谈笑间，无缝切换到了那个追求完美的灵魂。

他抓住了行业爆发前的机会。
用独创的渲染引擎技术，
为行业带来颠覆性变革。

黄晓煌

酷家乐联合创始人、董事长

2011年7月的一天，在硅谷工作了一年多的黄晓煌，带着他做的一款图像渲染技术回国。原本还应该带着的，是第一笔谈妥的融资。但临走前一天，硅谷投资人改变了主意，放了他鸽子。

因为买好了机票，行李也都悉数打包，黄晓煌只能踏上回国的飞机。十几个小时的航程是怎么度过的，他记不清了，但"肯定不是充满喜悦的"。

他是打算回国创业的。雄心勃勃，自信满满。但人还未离开硅谷，就遭受了重创。

离开硅谷前，他在英伟达工作。他研究的方向是支撑深度学习、区块链、快速渲染这些内容的底层技术，那时产业还没有爆发，这些超前的技术能应用到什么场景，其实是个未知数。但黄晓煌坚信这在未来是个机会，决定回国创业。

两年后，黄晓煌把他的技术跟互联网家居结合起来推出了酷家乐，让这个技术大放异彩。

用他们独创的ExaCloud渲染引擎技术，10秒钟可以极速渲染，5分钟就可以出图，让用户看到未来的家的模样。相较于传统装修中出图效率以小时甚至天为单位，这种变革是颠覆性的。

他抓住了行业爆发前的机会。

通过酷家乐的家居云设计平台，降低了设计门槛，提升了设计效率，用户体验也得到质的提升。从2013年初的A轮融资，到2019年9月酷家乐完成D+轮融资，酷家乐目前估值超10亿美元。

对酷家乐青睐有加的，如IDG、高瓴资本、顺为资本、GGV纪源资本等，都是行业内赫赫有名的投资机构。

在酷家乐平台上，总注册用户超2500万，其中注册设计师800万。平均每天生成渲染图超500万张，累计渲染图总量超8亿张。酷家乐以设计为入口，合作超16000家品牌企业，在中国家居市场整体覆盖率超过70%，成为全球领先的家居SaaS企业。

壹

一直在摸索，一直被拒绝

最困难的时期，是不断被投资人拒绝的那段日子。

从在硅谷被放鸽子起，一直到2012年底，最初的一年多时间内，黄晓煌手上的技术都普遍不被看好。

酷家乐的公司主体叫杭州群核信息技术有限公司，成立于2011年11月，启动资金是黄晓煌和同学陈航自己凑的。

两人在浙江大学读本科时是室友，后来又一起就读于UIUC（University of Illinois at Urbana-Champaign，伊利诺伊大学厄巴纳-香槟分校）。他们在UIUC的同学朱皓，2012年初被他俩电话"忽悠"回国，成为联合创始人。

创业伊始，他们到浙大找老师借了个二三十平方米的办公室，没钱招人，就在学校招实习生。有时候他们还在学校讲讲课，讲完课顺便招人。

日子并不好过。最初他们拿着技术到处磕磕碰碰，到处找市场应用，在迷茫中做了很多尝试。

他们做过电影，做过展厅，做过人机互动。有时为了一两万元的项目，三人要通宵达旦地编程。酬劳很难顺利拿完全，有次一个单子的尾款，催到最后拿到的是一台笔记本电脑。

融资也处处碰壁。那一年黄晓煌和陈航分头跑了二三十家投资机构，把国内大V都跑了一遍，没有人看好他们。

谈投资不顺利，实习生不稳定，自己的钱快花完了，最难的2012年，他们把技术的demo（样稿）做了出来。虽然难，但他们对图像渲染技术毫不怀疑。黄晓煌经常挂在嘴边的一句话是：技术改变世界。

在试过的赛道里屡屡踩坑，他们觉得不能再这样下去了，必须集中火力专攻一处。他们发现家居设计行业的市场反馈相对更好，于是决定收缩目标，专注于此，"专门做室内渲染领域的效果图"。

彼时的家居行业，是一个巨大的、还没被互联网化的市场，信息过分分散。从设计、家居建材购买再到具体施工的各个环节，都不透明。行业痛点很多，很多用户在装修房子时尝遍酸甜苦辣，设计要先交费用，看图纸要经过漫长的等待，有些施工还不能实现设计的想法，交足了各种学费。

黄晓煌最初的想法，是把信息化、智能化做到极致，通过他们的技术，让家居设计变得更简单。

这个大方向，事后证明是正确的。当技术落地后，极速渲染出图提高了设计效率，提升了用户体验感，加上又契合互联网家装的浪潮，后来的发展就顺理成章了。

起步很难，不过困难中也有"雪中送炭"的幸运。那一年，黄晓煌入选江干区的"百人计划"，150万元的启动资金大大解决了公司的燃眉之急。

浙大校友王淮的助力，让他们在正确的道路上越走越远。王淮是Facebook的早期员工，回国后做VC（Venture Capital风险投资），因为看好技术驱动型的创业公司，投了酷家乐的天使轮。

线性资本的这位创始合伙人，之后还帮酷家乐牵线搭桥接触到IDG资本，2013年春节过后，酷家乐顺利拿到了IDG的A轮投资。

贰
在低频的行业找到高频的角色

"你们的优势在哪里？"

"快。"

黄晓煌口中的"快"，是指10秒出渲染图。这是行业内目前最快的速度。

凭借核心技术优势，加上覆盖中国90%的户型图数据库素材，用户可以在最短时间内看到未来自己的家的真实模样。就如公司愿景"所见即所得"，酷家乐用技术和产品体验，建立了自己的数据与方案壁垒。

别人可以效仿，但"需要时间"。

今天的一整套东西，也是经过时间打磨出来的。

2013年，酷家乐拿到融资后，即开始转向，把PC软件转成云端软件。这意味着，所有电脑，所有终端，都可以随时随地使用酷家乐平台。

"云端软件取代传统的PC软件，在这个行业的机会是毫无疑问的。"黄晓煌说。

的确如此。酷家乐的产品，是靠口碑迅速传播开的。2013年底酷家乐平台上线，因为体验好，经常有用户发的帖被几万次转发。黄晓煌记得，上线不到三四个月，微博上就有各种帖子，酷家乐的知名度很快传播开来。

最初，酷家乐面向的是C端用户，依托图像渲染技术做了"傻瓜式"在线家居设计，成立了相关的用户社区，并且建立了户型库与模型库，希望通过满足大众用户的家装设计需求形成商业模式。

在这个平台上，人人都能成为设计师，就像搭积木一样，拖到不同的功能模块，就可以设计出自己家的效果图。

但实践中叫好不叫座。虽然C端用户对酷家乐的快速出图与户型改造等功能评价很高，但无法实现用户沉淀。装修是也许五年、十年才能遇到一次的事情，这显然是个低频行业。

聚拢在酷家乐社区的设计师，引起了黄晓煌的注意。设计师是酷家乐工具的高频使用者，这个发现让黄晓煌决定以设计为入口，选择to D（D即指设计师）的模式。

在保留C端社区与工具体验的前提下，酷家乐开始为设计师、装修公司与行业公司提供SaaS（软件即服务）服务。

GGV纪源资本执行董事于红，在一次访谈节目中如此评价酷家乐的转型："在低频的行业找到高频的角色，去解决他面临的痛点和问题，然后再以角色为切入点，去解决全行业的问题。"

能够快速出图的大家居全案设计，吸引了设计师，也在家居行业引起了震荡。

顾家家居因为公司内设计师的极力推荐，成为酷家乐第一家合作品牌商。当沙发不仅仅是沙发，还能成为能跟你家的风格融为一体的一部分时，成交率显然是不一样的。

原本要花冤枉钱"交学费"的家居设计，在酷家乐出现后，对C端消费者触动最大。"在你付钱之前可以预见未来的家的样子，消费者的接受度特别高，消费者的体验是质的飞跃，这样就对商家产生了一个倒逼，你不提供这种服务，你在市场上可能就很难生存。"

不管是主动拥抱还是倒逼选择，B端家居类企业跟酷家乐走得越来越近。

叁
三个合伙人用科技颠覆了一个行业

创新型的公司有很多，但像酷家乐这样用科技去颠覆一个行业的，不多。

如果登录酷家乐的网站，会发现设计师的效果图，逼真得像是摄影棚里拍出来的照片。

虽然一开始酷家乐就带着强大的技术而来，但是他们对技术的要求，从未放松过。

ExaCloud不断在迭代，新技术不断升级优化，为的是让用户使用起来更方便。公司近1500名员工中，一半是研发人员，其中不乏来自MTI（Massachusetts Institute of Technology 麻省理工学院）、UIUC（University of Illinois at Urbana-Champaign 伊利诺伊大学厄巴纳-香槟分校）、巴斯大学等世界顶级高校的工程师。

问黄晓煌公司为何能做成行业领先，他回答了两个字：专注。

比如说2016年，行业里挤进很多追VR风口的企业。对这项新技术，酷家乐也会小范围进行尝试，但不会把宝押在上面。"我们不是追风口型的。"

互联网家居行业，曾经也充斥着烧钱、补贴、负毛利的现象，黄晓煌却认为"这个赛道需要时间去沉淀"，酷家乐始终专注技术，不为所动。

在这个技术驱动型公司，三个核心人物——董事长黄晓煌、CEO陈航、CTO朱皓，是UIUC的同学，有过在英伟达、谷歌、亚马逊等顶尖互联网公司的工作经验。三人都是标准的理工男，员工开玩笑打比方说，三个创始人"词汇贫乏"，夸人夸事脱口而出的都是"牛逼"二字。

学霸凑在一起开公司，分歧在所难免，朋友合伙最后"崩"了的创业例子有不少，但他们却不可思议地处理得很好。

造梦之城的26个造梦者

公司发展早期，其实争议蛮多的，在对发展方向的判断上，肯定有不一致的地方。"做他的方向，我没面子，做我的方向，他没面子。"

曾经有一个月，出现分歧的时候，他们每人带支队伍，内部PK。后来发现不对，外部竞争压力下公司极大受损，还是应该收到一个方向上来。

基于对彼此很强的信任感，有分歧时认真讨论，把面子都抛到一边，理性判断哪一个更好。从公司长期发展来考虑，很容易达成共识。

黄晓煌说，准备创业时也曾想过找销售型或商务型的跟自己互补，但研究下来发现，创业方向变化太大了："拉合得来的人合伙，比拉互补型的人合伙，风险会小。"

互联网家居行业，拥有至少几万亿市场。目前酷家乐只做了家居设计板块，黄晓煌说："这个市场还有几倍的增长空间。"不过未来酷家乐希望扩展到全领域的云设计，建筑业、制造业，都会去尝试。那个市场"还能做到现在的100倍"。

■ 肆
从杭州到硅谷，从硅谷到杭州

酷家乐位于余杭塘路的莱茵矩阵国际，从黄晓煌12楼的办公室窗户往下望，可以望见余杭塘河，河水缓缓向西流动。窗下是一排抽屉榻榻米，黄晓煌有时会坐在那里看书。

书架拐角处，摆着他个人和公司获得的很多奖项，最引人注目的是"2012年度常驻公司奖"，那是当年的年会上发的。只要不出差，黄晓煌每天在公司待的时间肯定在12小时以上。

他脚上穿着一双拖鞋，那是他的标配。同事说夏天他喜欢穿文化衫，是他另一个标配。

外表看，他是个如他自己所说的"标准的理工男"，不太爱说话，不讲究穿着，但实际上，他是个不能接受安耽生活的人。离开硅谷，是因为那里"没什么意思"。

"每天按时上班、下班，感觉工作没有成就感，节奏太慢，我的青春都浪费了，不是我想要的生活。"

正是二十五六岁的好时光，手上又有超前的技术，所以黄晓煌跟两个合伙人"逃离"了硅谷，来到了杭州。

在杭州，他是个对各种事物充满好奇心、爱尝鲜、爱分享的老板。他会给员工提供晚餐和宵夜，他会在内部平台上分享读书心得。在公司初期阶段，他把30%的期权留给公司员工，并设计了独特的内部期权交易制度，有的老员工手上期权的内部交易价已经值几千万元。

那天下午在他办公室，他喊着"天猫精灵，关灯。天猫精灵，关上窗帘。天猫精灵，打开毛玻璃"，展示了2019年他尝试过的智能家居。

大学毕业去硅谷前，他在浙大竺可桢学院读计算机。那时很多同学出国，他不甘心落后，看别人考托福和GRE，他也去考。第一次考托福，没过。第二次考托福前，他失眠了，在网上到处逛，看到试题集锦，开始疯狂背题。从晚上12点到早上7点，他背了上千道题，8点吃个早饭去考试，顺利通过了托福。

申请大学的时候，他给搜索到的2000多个教授发Email。"可能有97%的人语言成绩比我好，但是我的编程能力强，教授们需要优秀学生，也需要coding（编程）好的学生，这是差异化竞争。"

发出的2000多封邮件，他也是差异化地写，每封都不一样。最终他收到100多封回信，其中有30多位教授表示感兴趣。

"我是福建人，福建文化就是成年了就要出去闯一闯。"

2007年，黄晓煌被全美计算机排名前五的UIUC录取。在赴美的飞机上，他遇到了同样去留学的清华毕业生朱皓。

那一天，他的心情一定很好。

· 吟 风 ·

叁

无论头上是怎样的天空，

我准备承受任何风暴。

——拜伦《致托玛斯·摩尔》

王源

闪修侠 创始人、CEO

当年巨大的压迫感，
今天看来，
都成了很小的事情。
"打不死你的，
都会让你变得更强大。"

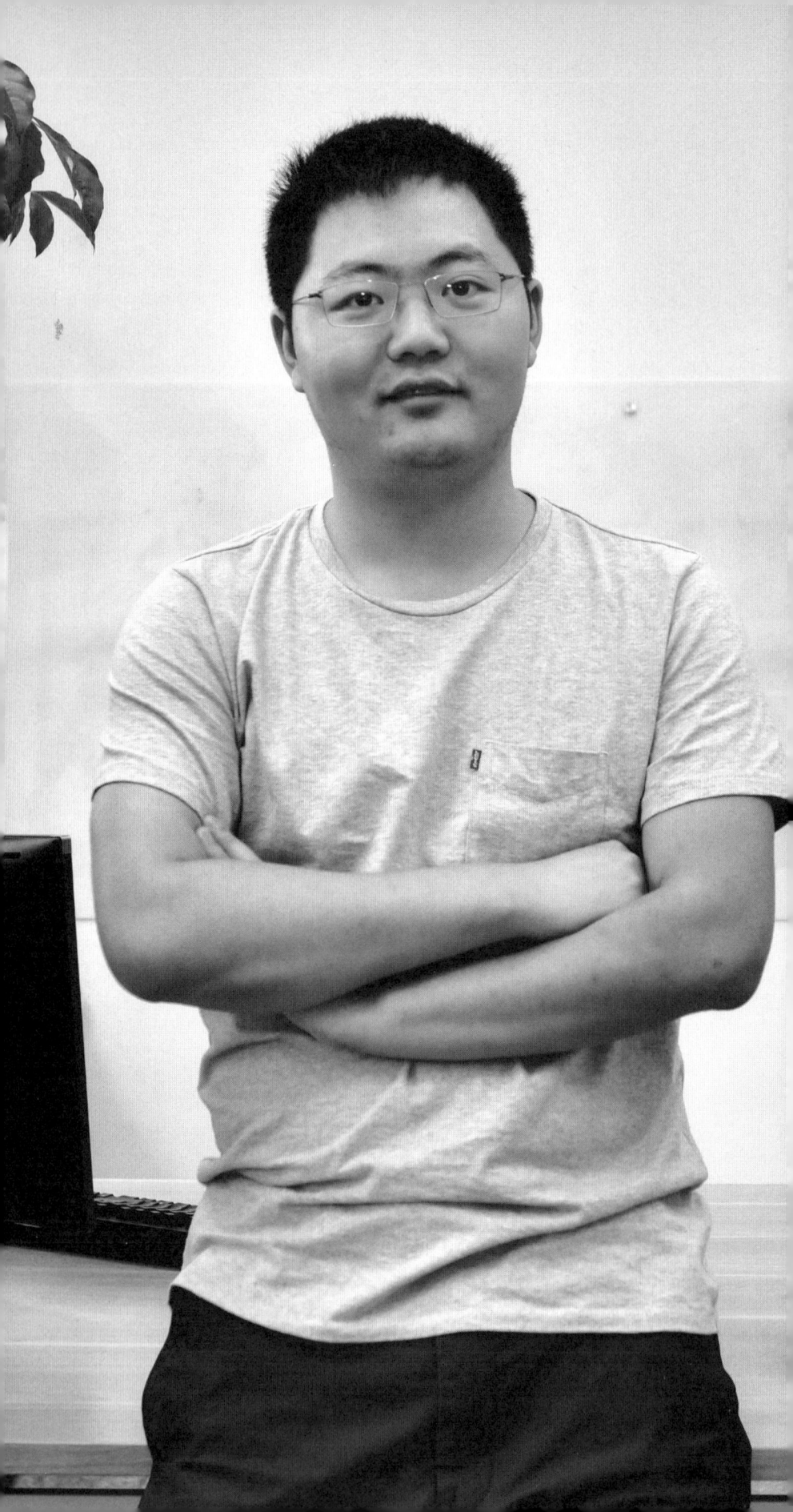

2009年下半年的一天，杭州天气正好，头顶蓝天白云，脚边湖水依依，一位初来乍到的青年拎着行李箱在西湖边信步走，大概走了500米，他发现这个城市干净又漂亮，路边一点垃圾都没有。太喜欢这个地方了，他决定留下来。

这位只读到大一的90后青年，名叫王源。后来在杭州，他成了一名"修手机的"。

从在百脑汇开店做老板，到2015年创办手机快修O2O平台"闪修侠"，王源亲历了智能手机维修的变迁：从无到有，从小到大，以及在互联网时代的转型和开拓。

到2018年夏天，闪修侠累计服务用户270多万人次，在线上门维修市场占有率超过60%，成为国内最大的手机上门维修平台。

在为用户提供方便的同时，闪修侠也受到了资本的青睐，得到雷军等人的认可——2017年底，获经纬中国和同创伟业B轮1亿元融资。2018年初，成为小米官方授权上门维修服务商。

在低频偶发的手机维修行业，这只小独角兽是怎么冲出来的？

壹
从数码发烧友到百脑汇"校长"
"我跟超过一万个用户，面对面地聊过天"

王源办公室的书架上，有几样东西很吸引眼球。一个佳能相机，旁边是专业的50mm定焦镜头和70—200mm长焦镜头——跟摄影记者手中的一模一样。两个摞在一起的笔记本非常漂亮——小黑和小白，那是苹果最早的笔记本电脑。

加上抽屉里二十个左右的各式手机，很容易判断出他是个狂热的发烧友。

这个河南南阳人，从小就喜欢把家里的数码产品拆了装，装了拆。进入大学，因为技术控，又很会做生意，校园承载不了他的梦想，书读了一年他就去找工作了。

把兴趣爱好做到极致，会带来财富和商机，说的就是王源这种人。

举个简单的例子。有年某品牌的服务器仓库着火，库存烧成了灰炭。他买了别人视为垃圾的灰炭，把里面好端端的CPU、硬盘等清理出来，赚了十几万元。

修智能手机，完全是机缘巧合。在杭州一家外企工作时，公司的电脑、网络、打印机坏了，都找他。手机坏了，大家也理所当然去找他。因为热心，又感兴趣，他总会想方设法解决。

怎么解决呢？第一，买手机回来拆，学着修。第二，到国内外网站翻资料。网站上，有一群发烧友在讨论修手机。

那是2010年，他拥有了自己的第一个苹果产品——iPhone 3GS，也是在那一年，他成为中国最早一批会修智能手机的人。

跟普通的手机相比，苹果手机要复杂得多，电池就比主板大两倍。有胆拆开来看，会让人傻眼。

那时候修苹果手机，除了苹果官方和国内深圳华强北的一部分人，会修的人并不多，王源是其中之一。

智能手机修得多了，2011年5月，王源索性辞职，在百脑汇开了维修店。

那几年，百脑汇70%的智能手机维修是在他那儿进行的——要么消费者直接拿过来修，要么卖手机的、修手机的拿过来修。

当时他们的技术团队比较牛，他还为行业培养了不少人——从他这里出去的小伙子们，隔段时间就自己当老板了，所以他在百脑汇被人称为"校长"。

最好的时候，他在杭州、萧山、绍兴开过五家店，员工四五十人，每年流水1000多万元。

那几年，不管是上游的原材料采购、供应链，还是下游的人员、服务，王源都积累了大量的行业知识和经验。

王源觉得自己最大的一个收获是："我跟超过一万个用户，面对面地聊过天，了解修手机的需求和痛点。"

贰
绕开维修猫腻，节约用户时间
闪修侠模式解决了一系列痛点

闪修侠工程师们出门的标配，是一个橙色的小工具箱，里面装着螺丝刀、镊子等工具，还有手机屏、手机电池、手机排线等材料。闪修侠的侠客们就像滴滴的司机一样，接到派单会快速赶到你身边。

工具在桌上摊开，微型摄像头支好，就在你的眼皮下，为你换摔碎的屏，修各种故障。

"很酷啊，哼，工具箱里拿出各种'法宝'，整整齐齐，就像魔术师一样，很酷地把你的问题解决了。来来去去就像一阵风。"说起工程师，王源难抑兴奋。

专用工具箱，是2014年10月份王源在买回来的七八个箱子里最终选定的，几年都没变过。

那时还在线下维修店的王源偶然间发现，"没时间修手机"正成为一个新痛点。

他印象最深的是有个用户晚上打来电话，问他能不能上门修手机。那个用户说，自己在外地出差，老母亲手机坏了，到店里去腿脚不方便，他愿意报销打车费。

这样的事情遇到几次，王源敏锐地嗅到了机会。

那个时候，智能手机发展到一个高点，但售后市场极度混乱，因为门槛低，硬成本高，行业陷入"谁老老实实做生意，可能就活得不好"的怪圈。修手机时偷换零件、做手脚等坑人行为备受诟病。

王源自己也遇到了发展瓶颈——修手机是非标品，特别依赖技术人员，这就造成管理时间分散，精力不够，没办法去开更多的店。只能在变化中寻求发展。

经过半年时间的思考和调研，2015年1月，王源推出了手机上门维修的O2O平台"闪修侠"。

10分钟响应，1小时上门，半小时修一台手机，价格是官方售后维修的20%—30%，并且全程录像。

闪修侠的出现，解决了消费者在修智能手机时遇到的一系列痛点：正品、安全、价格以及等待时间，绕开了所有维修猫腻，让行业走向透明化。

借助互联网平台，闪修侠模式突破地理位置局限，做到了原来线下不可能做到的事。"以前滨江的人不可能拿着手机到梦想小镇去修，现在可以把全杭州都覆盖了。"

同时这种模式成本更低，效率更高。一个小开间，几个管理人员，加上平台工程师，业务就做起来了，再不用担心高昂的房租成本了——曾经王源杭州两家店，一年租金就近300万。

这是自身求变，也是行业的探索。"我们跟自己说，这是行业新的希望，新的机会，前途光明。"

叁
用服务和标准在竞争中杀出一条血路
"打不死你的，都会让你变得更强大"

闪修侠总部位于杭州市西湖区天目山路，与独角兽蚂蚁金服比邻而居。地方不大，装修风格简单，第一印象"其貌不扬"。

公司前台对着一架悬在空中的飞机模型，王源指着入口处水泥地面上粗粗的白色斑马线说，这是我们照着飞机跑道做的。

深藏其中的寓意，立马让人感到这家公司的特别。

目前出没在杭州、北京、深圳等30余个城市各个角落的闪修侠工程师，全国有1000多位，入职一年以上的，平均月收入超过一万元。在手机维修行业甚至中国的蓝领行业，都非常具有竞争力。

然而在闪修侠起步的2015年，却正是O2O风雨飘摇的时候。那一年，O2O模式的企业死掉了很多。

闪修侠刚开始也走过一些小弯路。为了推广，他们走进高校给手机贴膜，花了200多万冤枉钱，一度被误认为是贴膜公司。

但更大的困境还是面临各种各样的竞争。

闪修侠成立后，类似的企业一窝蜂冒出来，互联网巨头、行业巨头也纷纷加入竞争。所以闪修侠"一直在打仗。市场、渠道、人才甚至商业上的竞争一直伴随着闪修侠的成长"。

有次融资前，某行业巨头发了上万字的行业报告去"黑"闪修侠，而且给接触过闪修侠的多数投资人、投资机构，都"点对点"发了同样的内容。

当年巨大的压迫感，今天看来，都成了很小的事情。"打不死你的，都会让你变得更强大。"

杀出重围的撒手锏，一个是服务，一个是标准。"很长一段时间，我们眼睛只盯着一件事情：把服务做好。服务的背后，是对人的管理，对供应链的管理，对标准的建设。"

在王源的理念里，服务不等于生硬地把技术做好。闪修侠关注的工程师的能力是全方位的，所以入职前的培训，涵盖服务、沟通、规划、执行、专业技术等各种能力。

"比如说用户对时间要求高，约了9:30，为什么你9:40到？技术再好，用户都没好感。能否在9:20打个电话，告诉对方我可能要迟到10分钟，这就是一个比较好的处理方式。"

目前闪修侠的用户满意度高达99.5%。

而一旦服务形成标准，就可以形成规模，进行复制。

闪修侠的复制绝不是急速扩张。王源认为节奏很重要，一家赚钱了再开下一家，确保良性循环。

从每年进入5个城市，发展到每年进入10个城市，闪修侠对国内市场的覆盖是平缓的、渐进的。

也因此，当业内200多家拿过融资的公司倒下时，闪修侠还在不断往前跑。2016年，闪修侠开始盈利。有的城市在两三年业务积淀后，一年可以做到6000万元左右的收入。

肆
闪修侠的服务理念，雷军很认可
"你们是一群什么样的人？"

王源口才极好，思路清晰，反应快，遇事有决断力。对一个90后掌门人来说，让人不得不佩服。

时至今日，这家带着创新基因的手机快修O2O公司，正在稳扎稳打向前发展。

除了跟苹果、三星、魅族等七大手机品牌合作，闪修侠还提供笔记本、无人机的上门快修服务。2018年1月，闪修侠成为小米售后独家战略合作伙伴，更是将目光瞄准了包括智能硬件在内的更多品类。

问王源，跟小米合作的机会是怎么得到的？

他会这样回答，"不只小米，包括天猫、苏宁，我们都有合作。是同样的价值观，让大家走到了一起。"

有意思的是，不管是投资人还是合作者，多数都是因为有了在线修手机的经历后，对他们产生了兴趣。

有位公司高管在闪修侠下单，手机修好了，工程师说："你这是软件问题，不收费。"这可是从来没有遇到过的事啊！该公司高管后来跟王源谈及此事："天哪，你们是一群什么样的人？"

闪修侠的服务理念和服务意识，就这样在日常工作中传递了出去。

雷军对闪修侠的认可，发生在一小时内。当王源把闪修侠的逻辑和服务呈现在他们面前时，雷军的眼睛都是发亮的，啪，笔一扔，"没问题"。

继跟小米合作之后，闪修侠还先后跟苏宁、天猫建立了战略合作。在杭州武林银泰的"天猫无忧购亲心服务中心"，就能看到闪修侠闪亮的手艺，全国还有数百个苏宁合作维修点。

王源用一句话说明其中的意义："商场借助闪修侠的服务留住用户，把闭环建起来，闪修侠用技术赋能3C。"

通过对线上线下资源的整合，闪修侠利用互联网优势，整合了很多B端和渠道，让效率变得更高，为行业的转型升级探索到一条创新的路径。

除了维修，这两年闪修侠还在积极探索保险和回收，可以肯定，那将是未来另一个精彩的故事。

闪修侠的管理层平均年龄35岁，他是拉低平均数的。抛给王源一个问题：一个90后，管理起来有难度吗？

他会告诉你：

我们团队还是很默契的，既有90后的朝气活力，也有70后的沉稳、稳重，还有80后的专业，这样的配合，包括经纬等机构在内，都很认同。

亲自修手机基本上是没时间了，不过对数码的兴趣他还保持着。王源桌上摆了三台手机，其中一台是华为刚出的最新款，买来体验体验，他评价说"很棒"。

这些年，他收藏了一些宝贝，苹果第一代手机、第一代电脑、第一代笔记本、第一代MP3，他都有。他的一个梦想是，"想建一个小小的苹果博物馆"。

工作之余，他依然是个彻头彻尾的骨灰级数码发烧友。

每天坚持进步一点，
最后也许会爆发出很大的能量。

刘志为

又拍云 创始人、董事长

又拍云创始人刘亮为给人的感觉，极其淡定、沉稳、谦和有礼。

从2005年开始创业到现在，连续创业十多年，其中的甘和苦，他只慢悠悠地娓娓道来，很少激动兴奋，没有细节渲染，语气平静得似乎没有波澜。

作为技术控，他对技术的专注从未改变。

因为对技术的追求，又拍云成为国内最早一批将互联网思维和云计算带入CDN服务的企业。

受资本青睐时，他们围绕技术做基础升级和架构，一年时间干了传统CDN厂商过去十年干的事情，支持了CDN各种各样的应用场景。

在激烈的CDN价格战中，行业很多中小玩家纷纷倒下，又拍云调整战略，埋头把技术做得更扎实。技术是最有力的武器。

不论何时，不论外界如何喧嚣动荡，又拍云有一种任他风吹雨打，我自岿然不动的定力和坚持。

在CDN行业，又拍云并非跻身于跟阿里云、腾讯云、网宿科技同样级别的大玩家，但绝对是一个好玩家——

这个服务50万企业用户的准独角兽，以技术和服务赢得了业内口碑，成为行业内少数拥有不错毛利率的公司。

做好技术，做好服务，做好自己，创始人鲜明的个人风格烙进了又拍云的基因里。

壹
一名码农

跟一些野心勃勃的创始人比起来，刘亮为的平和、谦逊会让人忽略了他的不安分。

其实在平和的外表下，他有一颗不安分的码农的心。

大学时他在同济大学读化学，但专业显然不对他胃口。到一个化工的香料工厂去实习，半个月他就"逃"了出来。

他的兴趣是电脑。

20世纪末21世纪初电脑还属于稀罕东西，别说买了，租一台都不便宜。

寝室四个人，合租了一台电脑，按时段轮流玩。就在租来的电脑上，他自学了编程。

多年后大学同窗相见，其他人都会感慨：我们当年租电脑用来玩游戏，你租电脑用来学习编程。

大三，他用自学的计算机知识勤工俭学——到外面去给人家写代码做兼职。

不停地写，不停地编，他不觉其苦，反倒乐在其中。

有了这段经历，2001年他在上海的第一份工作，极具挑战和魅力——在一个软件公司写模拟的在线炒股系统。别人设计好逻辑，他做开发实现。对一个刚毕业的学生来说，相当有难度，但他差不多一个人完成了。

第二份工作更具挑战性，写期货公司大批量下单的系统，写了大半年，"拿下来了"，他的感受是"从中进步很大，蛮有成就感的"。这套系统可以放在期货营业厅，让人们从客户端下单。当时的客户，有两个都是浙江的期货公司。

说起这些经历，刘亮为觉得自己很幸运。在位于西溪科创园的又拍云杭州总部，说到很多事情时，刘亮为都用到了"幸运"这个词。他是那种心怀感恩，很容易记得别人好的人。

包括刚工作时在上海租房，他跟一个浙大计算机博士合租，对方计算机底层知识扎实，告诉他怎么学习应用，让他觉得得到了很大的帮助，达到了技术上的沉淀和积累。

在一系列的"乐在其中"和"幸运"中，一个执着的积极向上的人，成为技术控是必然的。

贰
一个转向

在又拍云创立前，刘亮为有过两次创业。

第一次是2005年创立的又拍网，是国内最早的图片社交网站；2011年创立的基于兴趣图谱的花瓣网，现在是国内最大的创意和设计群体的聚集地。

从上海来杭州工作，刘亮为是因为爱情。最初创业的源头起因，则来自他和女朋友养的金毛Toby。

刚来杭州那段"最没钱也是最简单快乐"的日子里，他因为狗狗结识了不少同好，为了分享爱犬照片，这个技术控亲自动手做了个图片社交网站，取名"又拍网"。

又拍网上至今仍能找到Toby的照片，一身发亮的长毛，非常漂亮。狗狗后来因病离去，刘亮为再也不养狗了，"有点伤心，有点伤心"——这是那天他唯一伤感的时刻。

创业过程中，为保证用户体验，又拍网成为国内最早的CDN用户。

CDN（Content Delivery Network）的全称是"内容分发网络"，能够将服务端的数据快速传递到用户端。简单来讲，我们手机上图片、视频、直播的流畅显示，CDN正是幕后英雄。

"就像快递一样，只不过快递分发的是包裹，CDN网络分发的是数据包。"刘亮为解释说。

但当时CDN的服务费用并不便宜，团队曾为此花了大部分成本。最终，又拍网选择了自建CDN网络。

2010年前后，又拍网从存储切入做图片处理和分发，再到音频、视频多领域的分发，以"又拍云"为名对外提供云存储和CDN服务，这在当时是非常有创新性的产品。

他们的图片云处理服务，甚至还早于亚马逊。Gif快手（现在的快手直播）的第一张动态图片，就是放在又拍云上的。

这些业务就是后来又拍云的雏形。

公司当时的精力主要放在To C产品，To B的云服务平台悄没声儿地积累了一批客户，知乎、快手都是早期客户。当时只有8个人负责的To B业务，一年收入近一千万元。

刘亮为发现了其中蕴含着巨大的市场需求，说服董事会，把这块业务拆了出来。

这个决定，改变了又拍云原本的航向。

有"To C情结"的刘亮为曾用比喻来说明这个决定：因为想开面包连锁店囤了很多面粉，结果变成了卖面粉的。

2014年又拍云正式成立，当年就获得了鼎晖创投等知名机构的投资。当初主导投资的鼎晖投资人，曾是当年网宿的投资人，而网宿和蓝汛一度是我国CDN市场的双寡头。

叁
一次颠覆

刘亮为是福建人，有喝功夫茶的习惯。来朋友了来客人了，一边喝茶一边谈事情，是紧张工作中难得的放松。

那天他冲的是武夷山的大红袍，在茶香氤氲中，他以顺丰做比，介绍又拍云。

"又拍云就是网络世界里的顺丰。我们都干着分发的事情，他分发的是包裹，我们分发的是数据。顺丰在全国有各类的分支网点，我们在全球各地也有各种各样的节点。还有一点，我们差不多的是，我们都把服务质量看得很重。"

截至2019年底，又拍云拥有6个数据处理中心、1000多个国内CDN节点、近百个海外CDN节点、150万个PrismCDN节点、40000台服务器、10TB保有带宽，日均请求超过1500亿次，服务50万客户，其中包括快手、星巴克、华数、江苏卫视、海康威视、美团点评等重量级客户。

而又拍云做的最"叛逆"的事，是在行业内第一个将"所有节点开放给所有客户"，按流量收费。

举个例子，比如说你有浙江的用户，又拍云就自动调度浙江的节点给你用，你在湖南有用户，又拍云就调度湖南的节点给你用，就近访问。而传统CDN网络都是"订单式服务"，费用是明确的，使用的节点是固定的，涉及跨省之间的网络互通时，就影响了速度。

"能交给机器干的，我们就交给机器去干，网络会根据终端用户的分布自动调度和分配就近资源，服务成本反而低，对客户好，对我们自己也好。"

又拍云为客户提供直播、短视频、音频、UGC（用户原创内容）、在线教育等的CDN方案，也帮助客户在"春晚"红包、"双11大促"这类活动中稳定地扛住超大流量涌入，应对各种访问压力。

按流量付费大幅降低了CDN的市场单价，这正是又拍云对行业的贡献：将CDN这个"高富帅"才用得起的产品服务变成了一种标配，让众多创业企业和中小公司也用得起CDN服务。

同时，又拍云还打造了国内第一家支持编程的CDN网络，将自己的产品开源，为客户提供二次开发的条件。

自身的创业经历让刘亮为认识到，时间是创业者最大的成本，太多时间浪费在基础性工作上会比较亏，所以又拍云把"以技术驱动创新，让创业更简单"作为使命，用优质的基础性服务加速客户的成功，自己也在行业内脱颖而出。

肆
一场战争

刘亮为喜欢一个人待着看看书，最近他读了梁漱溟的自述《这个世界会好吗？》，感觉找到了一个知音，恨自己读得太晚。梁漱溟评价自己"独立思考，表里如一"，这也正是刘亮为一直在追求的。

对公司未来的目标，他在过去两年内做了些微调，以前是向着规模走，努力壮大，当下是"先解决利润，再实现规模化的营收，然后再谈远大的理想"。

创业路上踩过各种各样的坑，刘亮为说，又拍云是始终顽强的那一个。

又拍云经历过内部的波折——2015年，是大家最努力、最投入、最激情高涨的一年，但是走得太快，节奏没控牢，流失了一些客户。"这是一个教训。"

也有来自外界的压力，那是另一种难——2016年，随着阿里云、腾讯云等巨头先后进入CDN领域，残酷的价格战被引发了。2年多的惨烈战争中，整个CDN行业哀鸿遍野，死伤无数，不仅对行业造成伤害，也影响到又拍云在资本市场上的融资节奏。

硝烟弥漫的价格战中，又拍云的策略是：合理降价、不主动挑起价格战，主动放弃一些只寻求低价的客户，将拓客目标瞄向巨头"看不上"的潜力客户。

刘亮为认为，价格战是不可持续的，CDN行业的发展应该集中在技术创新和服务创新上——在公司琳琅满目的各种奖杯、奖牌中，刘亮为最看重的也正是创新和服务方面的认可。

如何在有限的投入下，挖掘技术的爆发潜力？又拍云选择埋头苦干，潜心钻研。

在信息安全方面，推出基于AI和大数据分析的影像识别，识别准确率极高的影像识别服务中，涉黄识别正确率高达99.7%。

2017年，又拍云积极布局边缘计算，更注重区域智慧新能力的边缘计算，能够缓解爆炸性流量给CDN带来的压力——海康威视成了他们的客户。

2018年初，又拍云推出P2P-CDN网络PrismCDN，不仅加快传输速度，还使成本下降至少50%。而刘亮为对未来的一个判断是：5G至少能让其价值翻上10倍。

2019年，又拍云积极布局容器云和边缘计算，打造一体化的边缘计算平台，为即将到来的5G时代做了充分的准备。

公司将近200人，一半是技术人员，特长就是做产品。踏实、稳定的团队，保证了公司在困难时刻也能顽强生长。

即使面对网宿、阿里云和腾讯云，又拍云也丝毫无惧，标准化程度高，定制化能力强，服务响应快，这是又拍云的底气。

2018年9月，在江苏卫视的招标中，又拍云是报价最高的，却以总分第二名的成绩，跟腾讯云一起中标。几乎同一时期，在快手的各项指标测试中，又拍云也都排第一。

2020年"春晚"，快手成为独家合作伙伴，"春晚"的红包活动给快手带来了巨大的流量。这场云服务的质量大考当中，又拍云依然跻身快手的供应商行列，和客户共同面对"春晚"带来的超大流量。

创业多年，刘亮为的一个感受是：不要太在意短期内取得多大的进步或成绩，只要方向是对的，每天坚持进步一点，最后你会发现，这个事情也许会爆发出很大的能量。

"前两年我在感慨，所有的合作真的都不是求来的，就跟你追一个女孩子一样，你也不是把她追过来的，你做好了你自己，你们俩互相吸引着就走到了一起。合作也是一样，企业发展也是。你自己做好了，各种各样的机会、资源，我相信会被吸引过来。"

虽然遇到过各种各样的困难和挑战，但刘亮为一直保持着乐观的态度。他说，一路走过来，越走感觉希望越大。

这位 60 后创始人，
跟 80 后、90 后站在一起领奖，
"对他们来说是好机会，
对我来说，也是个好机会。"

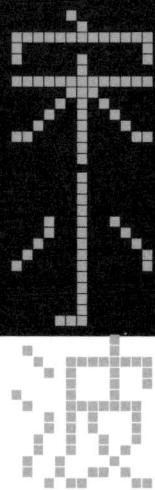

半云科技 创始人、CEO

2018年头尾，宋小波分别上台领了一次奖。

春天里领的是人物奖，他在第二届万物生长大会上被评为"2017年度杭州新锐创业之星"。冬天领的是企业奖，他创立的半云科技在金芒奖颁奖盛典上当选为"2018年度最具投资价值企业"。

2016年6月才注册成立的半云科技，是创新创业界的一颗新星，却已闪耀出足够夺目的光芒。

半云科技是城市大脑的探索者，勇立大数据和人工智能的潮头，在苏州的城市大脑及乌镇的公安大脑等方面，都做了一些探索性的开发和尝试，并取得了不俗成绩。半云科技也是阿里云重要的战略合作伙伴。

领"新锐创业之星"奖的时候，这位60后创始人"觉得挺不好意思的"，因为同他一起站在台上的，多是80后，甚至还有90后。

"对他们来说是好机会，对我来说应该算是最后一次创业了，但也是个好机会。"跟勇往直前的年轻创业者相比，宋小波有种更加笃定的相信和坚持。

壹
阿里云的合作者

半云科技的第一次亮相，是在2017年云栖大会上。他们参展并做了分享，更令人瞩目的，是阿里云几乎所有的城市大脑的建设中，都有他们的身影。

那一年，阿里巴巴技术委员会主席王坚博士在演讲中说，数据可以重塑城市未来，"城市大脑"是杭州给世界的最好礼物。当王坚的演讲被媒体频繁转载的时候，科技已经作为礼物在一些地方落地开花。

比如说，在机器智能的管理下，杭州高架通行时间缩短了5—8分钟，苏州的两条公交线路优化后客流量增加了10%和17%。——苏州城市数据大脑的项目，正是半云科技承担的。

2016年10月，王坚在云栖大会上向全球宣布启动杭州城市数据大脑建设时，半云科技刚刚成立4个月。当很多人还在观望甚至怀疑时，宋小波选择相信。

2017年2月，苏州市人民政府和阿里巴巴签订了苏州城市数据大脑合作框架协议。此时，转制后的半云科技才刚刚开始运作。4月，半云科技就投入苏州城市数据大脑项目建设。公司最初五六十人，有一半都参加了该项目。

这也是半云科技跟阿里云合作的第一个项目。

城市大脑作为一种智慧城市系统，现在看来很牛。杭州的小学生都知道它的厉害之处：它连接遍布在城市各个角落的监测数据收发器，让数据来帮助城市做思考、决策与运营。

可是当这个概念刚提出来的时候，有胆识并且有能力去做的企业并不多。

"这个时候你是需要有判断的，早期的投入需要冒一定的风险，因为你不知道未来是不是个方向，这个单子会不会给你带来盈利。我们非常看好，而且也初步具备这些能力。"

宋小波说，城市大脑是人工智能最复杂的应用场景，半云科技比较幸运地去尝试了这个新领域。

跟从零开始的初创者相比，他是带着团队和资源而来。

半云科技是由航天系企业转制而来的高新技术企业，曾经以做系统集成和软件开发为主，经过多年的积累，形成了一些行业的解决方案和知识产权。人才优势，技术优势，加上对行业的熟悉，使得半云科技和阿里的合作顺理成章。

作为IT人士，宋小波一直关注云计算、人工智能和大数据，对未来技术的探索和实践，是他一直渴望的。

跟原来的工作相比，现在他们做的事情是要让技术跟业务和场景结合，把更多的人工智能的技术、算法、模型结合到行业应用场景中。这是一个挑战。

"我们其实已经到了第四次工业革命的阶段了。数据本身已变成了一种资产，就像我们的水、电、气一样。我们可以通过这些数据的分析、优化，为社会服务、城市管理、城市治理提供更好的服务，挖掘数据的价值。"显然，技术的挑战令他非常兴奋。

▎贰
大数据的威力

半云科技总部选址的时候，杭州云栖小镇是不二选择。

因为，宋小波相信云计算，相信数据的价值，相信机器智能的力量，他认定运用技术的力量，简单的数据可以变成生产要素。

目前的半云科技，依托阿里系及航天系战略资源，基于大数据及AI核心技术，聚焦城市大脑和工业智能两个领域。

王坚曾说，世界上最遥远的距离，是交通的摄像头和红绿灯的距离。这两个东西放在一根杆子上，但从来没有被数据连接过。所以，他通过数据的分析，用改变红绿灯策略的方式在杭州"治堵"。

作为阿里云的合作伙伴，半云科技则助力苏州城市大脑的建设，用数据改变老百姓的出行方式。

在这个过程中，半云科技采用人工智能技术，打通数据通道，整合互联网全网资源，对整个城市进行全局实时分析，自动调配公共资源，修正城市运行中的缺陷。

比如基于OD分析的数据，可以预测出行人群的需求，分析出哪些人在哪个站点上车更方便，一个公交站点往前挪100米或往后挪200米，有可能会提升载客率。

也可以通过数据分析，让原本均匀间隔的发班频率更科学。苏州有条公交线路，跟高铁站很近，把公交的发班时间跟高铁站落客的人流数量进行匹配之后——比如说原先是10点5分发车，现在提前到10点3分发，载客率便提高了。

"我们没有增加班次，只是把发班的时间点进行了微调，优化后的线路载客率增加10%—17%。这就是大数据的应用。"宋小波解释。

有了苏州城市大脑建设的经验，2018年，半云科技又助力阿里云建设澳门城市大脑，承担了数据治理、交通综合调度、互联网+信号灯控制三大部分建设。

城市大脑是一个大的神经网络，三方面的基础缺一不可：要有强大的计算能力，要有比较先进的算法，还要有海量的数据。

建设苏州城市大脑的时候，融合了公安、交通、旅游、城管、公交等五大部门、三大运营商及互联网出行数据，共汇聚了1000多亿条历史数据。

城市大脑离不开技术，同样要依靠合作的力量。

半云的名字，恰恰就是合作共赢的意思。"我们要做一家比较谦逊，跟人合作的公司，'半'的意思就是我们只做一半，留出一半给别人。"宋小波精心起的公司名，含义丰富。

公司英文名字叫Bywin，公司slogan是"数据智能，由你而赢"——Just By-win For You @Data Intelligence。就是说通过数据智能为客户创造价值。

叁
创业末班车

宋小波待人彬彬有礼，面对各种问题他都表现出相当的耐心和诚恳，比如那天他以AlphaGo和AlphaZero为例，很详细地解释了机器学习这回事。

人工智能的时代到来了，他说一定要抓住这个好机会。

除了受杭州创新创业环境的影响，直接触动他创业的原因是"创业比较好玩"。

"人有很多的梦想、想法，你可以通过创业来实现你的价值。尤其是看到这个世界变化很快，创造出了很多新事物，你可能会享受那些科技的成果，有时候你也会停下来想一想：这个新的技术跟我有什么关系呀？如果你置身于创业中，某一行对技术的贡献，未来社会的变革，就跟你有关系了。"

创业的想法其实一直都有。上一次创业时，他40岁，创办了杭州华迪计算机有限公司，他是总经理。公司隶属华迪集团，是国有控股。2007年，他还跟同事因政务信息共享与交换的标准规范，获得省科学技术三等奖。

那次体制内的创业，给了他丰富的积累。

再往前，年轻时他还是喜欢折腾的。

大学他就读于浙大科仪系，毕业后在省级机关工作了三年，不想做公务员了，跑回浙大信电系读了研究生。1989年研究生毕业，他到文三街上开了个门店，卖电脑，装软件。

那是中国第一波下海热。他做了差不多十年，赚了一些小钱，买了第一套房子。

"我们这代人刚好完整地经历了改革开放40年，很多事情都看到了，也看到很多人成功，第一波像柳传志、任正非。第二波像马云，跟我们同代人。我们那时候也没有看准方向，也不知道怎么搞。我觉得现在是第三波机会。这个机会呢，其实是属于现在的80后为主的，他们再失败一两次也没有关系，但是我刚好也有一个团队，机会比较好，搭上了末班车。"

2016年创立半云科技时，宋小波54岁，正是马云宣布退休的年龄。他欣赏任正非、马云、李书福等企业家，现在他看上去更像是同龄人王坚的拥趸。

2018年1月，公司开年会，踌躇满志地把2018年定为公司的发展元年。年会过后，他在朋友圈发了几个字："天命之年，二次创业，因为相信，期待看见。"

肆
元年的丰收

位于云栖小镇的半云科技，第一眼感觉有些清冷，人不多，科技感也不强，炫酷的可视化大屏还是应我们要求才开了一会。大屏上跑来跑去的绿色的线条、红色的点表示着实时的交通情况。

这个深藏不露的公司，在他们的发展元年，已是收获满满。

半云科技在杭州、福州、合肥都设有研发中心，同时参考阿里云区域布局，设立杭州总部和六大战区：华东战区（合肥）、华南战区（福州）、华中战区（武汉）、华北战区（北京）、西南战区（成都）和西北战区（西安）等分支机构。公司看着人不多，是因为200多号人大部分都在全国各地做项目。

除了城市大脑，半云科技在公安大脑方面的探索也令人赞叹。以可视化警务实战平台为例，城市20几万个探头，平时数据利用率不到1%，但是探头智能化，看视频的效率提高了10倍。

利用计算机视觉，可以识人、识车、识事件。比如路面有人打架，或是车辆剐蹭，这些数据都能被自动识别出来，哪些信息要推送给指挥中心，哪些信息需要提醒马上出警，整个系统会自动进行分级分类处理。

在海量的数据里，通过视频搜索，可以协助警方办案。原先破一个案子大概要三天，现在一天可以破三个案子。

2018年半云科技有个刚毕业的大学生，在上海帮警方破了两个案子，一个盗窃案，一个老人走失案。接到走失报案，把老人的照片输入系统，计算机以图搜图，不到一个小时就把人找到了。

破案机器人的技术，在上海、重庆和乌镇都有应用，已经协助警方破了好几百起案子。

2018年，半云科技成果颇丰。这一年，他们与阿里云正式签约合作，全力推进城市公交系统优化升级。老东家华迪集团等成为战略伙伴。

这一年，公司实现了盈利。营业额接近1亿元，而且还信心满满地做了三年倍增计划。

2018年底，杭州城市大脑综合版发布，进入3.0时代。这一现代世界城市治理和发展的利器，推动"治堵"向"治城"转变，交通、发改、城管、卫健、旅游等各部门，都将通过数据融通，产生协同效应。而半云科技在其中负责中枢系统的开发，并获得了杭州市数据资源管理局颁发的"城市大脑金牌合作伙伴"和杭州云栖工程院颁发的"杭州城市大脑建设支援者"证书。

半云科技走的弯路相对较少，宋小波说，因为天使投资机构银杏谷的支持和帮助，因为跟着阿里的生态走，客观上减少了对未来市场判定的不确定性的风险。

当然，也要有自己的判断，要有定力，知道自己要什么，放弃什么。

在业务方面，之前也有四五个方向，经过一些小试错，最终选定城市大脑和工业智能两个细分跑道。经过这一年的摸索，从项目的合作到产品的研发，最后到往服务的方向走，切入了一条适合自己的路径。

宋小波有很多爱好：书法、画画、弹吉他、游泳。创业后，唯一能坚持的就是看书。采访中，他有一些回答令人印象深刻。

问他创业辛苦吗？他张口就说："创业不辛苦的，心情好了就不觉得辛苦，蛮快乐的。"

问他来创业有没有做可能会失败的思想准备，他说："那肯定，每时每刻都要考虑呀。多看看周边的人犯了什么错误，尽量避免。创业一定有困难，对内，保持乐观的心态，对外，不断学习，应对种种不确定性。"

问他经济寒冬对公司有没有影响？他说也有些影响，但"这个时候你可以练内功。寒冬肯定会淘汰掉一批人，等春天来的时候，等你力量积蓄好了，你就可以迅速成长起来了。"

最后问他：你是个什么样的人？

他稍微想了一下说：坚持，乐观，能团结人，身边人愿意跟你一起干，这个事情就能干成了，或干成的概率大一点。

从他身上看不到创业者的焦虑感，反倒有种气定神闲、鱼游水中的自在。

谭美虹

英语趣配音 创始人、CEO

没有含着金钥匙出生，
但一样见到彩虹。

趣配音谭美红 让英语学习更有趣

谭美红明显瘦了许多。

2015年夏天，在中国新媒体创业大赛杭州赛区决赛现场，谭美红将手机连向大屏幕，声音响亮地介绍英语趣配音。当天的比赛，英语趣配音（以下简称趣配音）夺得第一名。

那时她脸上还有点肉，体重100多斤，现在她瘦了一圈，一米六几的个头只有90斤。

"创业就是要拼尽全力，投入百分之二百甚至是百分之三百。"她的声音依然响亮，跟她风风火火的行事风格很相配。

不管是几年前在大赛上崭露头角，还是现在拥有千万级别的用户，眼前的这位CEO，都很难让人把她跟曾经在广东打工联系起来。

她笃定，心态开放。她对行业有深入的分析和判断，也跟同行不乏交流与合作。

她礼貌，极具亲和力。即便给出的是拒绝的答案，她也会在谈笑风生中告诉你：这个我们还没有对外公布。

她涉猎广泛，谈吐自如。6月份她刚去了一趟以色列，这个人口数量还不如杭州多的国家让她震惊，她兴致勃勃地跟我分享那里的科技创新和教育。在以色列，她还近距离聆听了著名作家、《爱与黑暗的故事》作者阿莫斯·奥兹的讲座。

"让学习更有趣，让教育更公平。"谭美红说，这是趣配音的使命。从谭美红的嘴里说出来，有理由让人相信其真诚。

壹

0元推广，却拥有千万级别用户

"配音的趣味性改变了哑巴英语"

很多人都是在朋友圈认识趣配音的。

那只可爱的黄嘴绿鹦鹉——趣配音的LOGO，给很多人留下了深刻印象。包括很多学生也对它不陌生，因为不少学校老师都愿意用趣配音布置英语口语作业。

就像鹦鹉学舌一样，跟着趣配音里的短视频一句句模仿、配音，合成新的作品，然后分享到自己的朋友圈，很多称赞和鼓励会向你涌来。

不管英语好或者不好，你都可以变成一个配音主角、大片制作者，好玩，又有成就感。

因为轻松有趣，自2014年9月上线起，趣配音的用户以每日2万—3万的速度稳定增长，还吸引来不少名人——央视主持人张博，娱乐明星何洁、蒋梦婕等，他们都自发地把趣配音作品传播到自己的微博上。

就连新东方这样的老牌在线教育机构也受到吸引——CEO周成刚曾在新东方推出一个计划，带领大家连续100天配音。

而这全靠口碑相传，趣配音没有进行过推广。

大家着了什么魔？

谭美红说，相比传统学英语的枯燥无味，英语配音让大家轻松开口说英语，在趣味性中不自觉地改变了哑巴英语——在国人的英语学习中，"听"和"说"都是致命的短板。

这里1—2分钟的配音视频有15万个以上，电影、美剧、动漫、绘本、教材等，种类丰富，资源齐全，其中80%—90%的素材来自UGC（用户生产的内容）。

类似《粉红猪小妹》《我有一个梦想》这样的配音视频，都极受欢迎。马云在阿里巴巴上市路演时的演讲，雷军在印度的演讲"Are You Ok"，也曾风靡一时。

从表面上看，趣配音娱乐性很强，但在"娱乐产品"还是"学习产品"的疑问中，谭美红强调了后者。"这是一款学习产品，通过娱乐的方式来学习。"

只不过跟其他学习产品相比，他们找到了一个有趣的切入点——英语配音。

实际上，趣配音的学习遵循了谭美红之前做过的线下口语产品的逻辑——他们独创了一套LISI英语教学体系，即"听+模仿+表演+浸泡"相结合。

就像学母语那样学语言，在口语学习中卓有成效。

趣配音的配音环节实现了前三个功能——听、模仿、表演。

她尤其觉得不能小瞧了"表演"的作用，配音后在朋友圈秀一秀，收到一堆点赞和鼓励，学英语的兴趣和自信心是会被点燃的。

谭美红就很感谢她初中时的英语启蒙老师——一位来实习的老师，人很亲和，更重要的是很会鼓励人。谭美红经常被她提问，回答正确后老师毫不吝啬的赞美之词，激发了她学英语的兴趣。

重燃人们对学英语兴趣的趣配音深受好评，截至2018年底，注册用户超过5000万，累计配音作品达数亿。

贰
白天给玩具拧螺丝，晚上回宿舍记单词
"读不了大学，我就在社会这所大学里学吧"

英语对谭美红的重要性，一般人很难体会。

除了对语言的兴趣，谭美红热爱英语，还因为隔壁村Andy（谭国龙）哥哥的一句话。

"21世纪三样技能最重要：电脑、汽车和英语。"谭美红对这句话深信不疑。两人的父亲是朋友，比谭美红大几岁的Andy是令人羡慕的好学生，当年以优异成绩考入西南政法大学。

前两样技能离谭美红都太遥远，只有英语是没有门槛的。谭美红渴望把英语学好，改变自己的命运。

谭美红的家乡在湖南郴州山区，经济条件很不好，那里的孩子只有两条出路：要么考大学，要么到广东打工。打工这条路被她pass了，所以她拼了命地学习。

哥哥成绩也不错，但因为家里穷，初中毕业就出门打工了。2006年参加完高考，谭美红也马上跑到中山去打工，她希望趁着暑假，为自己赚点学费。

7月底，父亲来了电话：通知书收到了，但家里情况你知道……

她被湖南一家高校录取，专业是商务英语。

虽然父亲一直以女儿为荣，把她的奖状贴满了一屋子，每个学期到学校赊账让她读书，但那一刻谭美红明白，家里实在无力再供她读大学了。

谭美红高中毕业时，家里住的还是几间泥土房。

那个夏天，因为不得不与大学擦肩而过，谭美红哭了三天。

三天后，她想通了。"哭解决不了问题。读不了大学，我就在社会这所大学学吧，学一门技能。"

谭美红让父亲把她高中三年的英语课本全部寄到厂里。

在玩具厂，她的工作是往玩具里打颗螺丝或装颗珠子。她白天工作，早晚学英语。有时晚上加班到11点多，回去照样学。高中三年的英语单词和课文，她背了一遍又一遍。

每次发了工资，她第一件事就是到书店买书。有次在杂志上看到一篇写杨致远的文章，看着看着，她就感动落泪了。

玩具厂干了两年，谭美红从普通的流水线工人做到了生产部总经理秘书。

可这不是她想要的生活。

2009年的一天，她接到Andy的电话："美红，你还喜欢英语吗？你想学好英语环球旅行吗？"谭美红毫不犹豫回了两个字："想啊！"

她提着两个包，就跑到了深圳，跟随Andy和华再东等合伙人开始了创业。被她视为兄长的Andy天生爱折腾，学的是法律，却做了好几年外贸。Andy的校友华再东在口语培训方面有一定知名度。

虽然自身起点不高，但她在英语教育领域摸爬滚打了将近10年。

多年过去，谭美红对两位联合创始人的信任和崇拜依旧，她也以自己的能力胜任了CEO。

叁
英语终究还是改变了谭美红的命运
"知识付费的红利时代来了"

英语终究还是改变了谭美红的命运。

她的两次创业都跟英语有关。

来杭州之前，他们创办的英语培训学校iShow国际英语经过四年多发展，已具一定规模：全国开了近20家分校，一年有1万多名学生，谭美红是第一分校校长。

然而当移动互联网行业蓬勃兴起时，他们觉得要开发出另一条赛道。

线下英语培训的痛点也暴露出来——一对多的口语练习始终是问题，外教力量也非常有限。

通过互联网，可以用最快的速度让更多人加入进来。在谭美红的设想中，也许可以给每一名学生配一名外教老师。

2013年8月，他们来到杭州，扎根滨江，正式进军在线教育领域。

除了看中这里的互联网环境和人才，来杭州还有一个原因是他们当时跟杭州一家机构达成了合作。

彼时的2013年，51Talk、ABC360等机构陆续创立，VIPKID正蓄势待发。

进入时机很合适，但从线下转到线上，并不顺利。最初的一年，踩了很多坑，试了很多错——

因为技术外包，网站建成第二天，崩了。

最早做在线外教一对一，做了半年，发现并不具优势，忍痛放弃。后来还放弃了复读机、记单词等项目。

前期投入的400多万元，都交了学费。

最困难的时候，谭美红拿信用卡去透支，Andy和华再东到外面找工作，用赚来的钱养团队。

直到趣配音上线。

灵感来自当时的"唱吧""配音秀"等，人家拿手机秀歌声，我们秀英语行不行？——跟其他在线英语教育相比，趣配音的入口与众不同——兴趣。

路子对了，趣配音发展迅速，第二年又接连推出少儿趣配音和老外趣聊——这款一对一的口语陪练平台，经过严格选拔，目前有三千多名欧美外教，每分钟收费1.5元。

面对的是一个巨大的市场。谭美红算过，包括K12领域、大学生、白领在内，英语学习至少有3个亿的用户群体。

尽管行业竞争激烈，趣配音的优势还是日益突显。每款核心产品上，都有教学系统。当一部分忠诚用户寻求进一步的深度学习时，采购进来的优质IP课程等正好满足需求。

跟一些成本高、员工上千的在线教育机构比起来，谭美红说趣配音的优势在于轻装上阵，跑得快，并且积累的大量用户也给了他们底气。

"用户是不会抗拒优质的内容的，知识付费的红利时代来了。"

虽如此，趣配音依然有95%以上的免费内容，以至于有人开玩笑：你们是佛系创业啊！

谭美红的梦想是构建一个健康长远的教育生态系统，她希望趣配音能深入三、四线城市，帮助像她这样的人。

"让学习更有趣，让教育更公平。先把兴趣提起来，付不付费，没那么重要。如果能够不花钱或花很少的钱，把英语学起来，就能实现让教育更公平。这两个使命能实现一小部分，就功德无量了。"

肆
只要坚持，一样能见到彩虹
"虽没含着金钥匙出生，但父母教会我如何面对困难"

谭美红第一次出国，是在2013年6月，她跟同事去菲律宾考察英语。

在香港海关，一行人兴奋地举着护照拍个没完，路过的人都朝他们看。到了菲律宾，她满怀好奇打量陌生世界，用英语流利地问老外"十万个为什么"。

英语帮她实现了出国的愿望，这个湘妹子还get了很多技能。

2012年，她学会了开车。电脑技术，则是在玩具厂自学的。第一次创业时，她还做过市场、财务、人事、服务，什么岗位都待过。

如果说Andy当初邀请她共同创业，看中的是她身上的执着和韧劲，那么谭美红进一步用事实证明了，她是个学习能力极强，可以不断突破自我的人。

别人不敢的，她都愿意去尝试。

iShow国际英语2012年在衡阳成立分校时，她作为第二人选被指派去做校长。带着五六个人，两个月时间，招到200多个学员，成功开创了iShow第一所分校。

怎么做到的？谭美红分析说：一是跟潇湘文化有关，湖南人有爱学习的传统；二是他们创立的LISI教学法符合语言学习规律，在实践中帮助了很多学员。

还有一个重要原因，有赖于她的领导力——招生、市场、授课都找最擅长的人去做，让专业的人做专业的事。

她好强。玩具厂招文员她考第一，但因为不会打字被经理耻笑。"看不起我，就偏要证明给你看。"她起早贪黑练习五笔字根，两周后，打字水平让经理刮目相看。

她做事高效，执行力强，有事情了马上去做，从来不拖。

创业很苦，九死一生，无数次她也觉得很累，想哭，但最终都会想办法去解决问题。

在同事眼中，她爱笑，爱运动，爱分享。读到的好书，跟同行间有见地的交流，在国外考察的见闻，她都会拿到周晨会上跟员工分享。为了保证有强健的体魄，每周公司都会组织员工进行羽毛球比赛。

七八十号人，跟着她一起追梦。公司发展不错，已经完成了B轮融资，金额没对外公布。跟估值比起来，她更在意的，是如何把产品做精做细。光是趣配音的版本，这几年就更新了60多个。

她读书，自考，几乎买遍所有付费产品，如饥似渴地利用碎片时间提升自己。虽然曾经穷苦，但她觉得上天是公平的，那段经历是她的财富。

有两个画面深刻脑海。一个是读高三时有次上课，父亲出现在教室外，原来他刚把家里的猪卖了钱，来补交学费。当父亲把一千多元学费递给班主任时，她看到父亲的手在抖。

另一个画面是10岁时她随父母去卖蔬菜。早上3点起床，挑着100多斤蔬菜走10多公里路，去邻镇卖。菜卖完了，父母给她买一个小肉包。吃着世上最香的小肉包，那是她最幸福的时刻。

"生活在这个家庭，挺幸运的，虽然没有含着金钥匙，但父母的拼搏给了我面对困难，克服困难，勇于挑战的品质。"

不经历风雨，怎能见彩虹。谭美红一路上遇到的风雨和坑坑洼洼也许注定要比别人更多，但她用不放弃、不服输的经历证明了，自我驱动比外部环境更重要，只要坚持，她一样能见到彩虹。

家里的泥土房，她早就帮父母翻新了。安顿好家里，她才能安心在外打拼。父母也依然以她为荣，相信着、支持着女儿的选择。

宋小菜创始人、CEO

这是一件要打持久战的事。

危机感无时不在。

听起来像一个人名，实际上，宋小菜是一群人。领头人叫余玲兵，他领着大家干了一件艰难却极具颠覆性的事。

2018年，宋小菜频频"爆发"。不管是从中央到地方的媒体报道，还是当年融资4亿多元，累计融资6.3亿元的融资力度，都令人瞩目。

人如其名，"宋小菜"做的事情就是"卖菜""送菜"。只不过通过移动互联网，他们打造了一个生鲜骨干分销网络，让蔬菜交易更加便捷、高效。

宋小菜的菜卖得有多好？在上海，高峰期宋小菜供应的土豆占了总量的10%—20%，洋葱约占20%。在浙江，宋小菜一年供应的蒜类蔬菜占浙江百姓消耗量的50%左右，相当于浙江人每吃两颗大蒜，就有一颗来自宋小菜。

因为宋小菜，菜市场的商贩，不用黑白颠倒、半夜三更去进货，每天可以多睡几个小时。

因为宋小菜，提供蔬菜农产品的农户，不用担心丰收了菜却烂在地里卖不出去，尽管放心地把菜种好。

因为宋小菜，我们正在吃上越来越健康、可口的蔬菜。

成立至今，宋小菜覆盖80个城市，年交易量超30万吨，成为目前中国蔬菜领域交易规模最大、效率最高的生鲜B2B交易服务平台，也是杭州农业领域唯一的准独角兽企业。

宋小菜改变着蔬菜交易的传统模式，也在影响着固有的习惯和思维，影响着一些人的生活。这正是宋小菜创始人余玲兵希望看到的。

余玲兵是前阿里高管，在阿里工作七年，曾发表过第一本中国农产品电子商务白皮书。离开阿里创建宋小菜，似乎是他的宿命。

2019年1月，天气乍暖还寒，但位于西湖区优盘时代中心的宋小菜感觉不到一丝寒意，余玲兵兴奋地说，我们现在是在初春，生鲜都在初春。

壹
曾经的"骗子""疯子"

对于农贸市场的很多菜贩来说，黄绿色的"宋小菜"APP是人见人爱的大神器。前一天通过手机下单，要温州西红柿、内蒙古土豆还是云南绿叶菜，要多少箱、多少件，第二天一早菜就送到了。

可是几年前，"宋小菜"这个听起来可爱可亲的名字，是被"骗子""疯子"的称呼替代的。不管是菜场的菜贩，还是上游的菜农、供应商，最初都是没人"待见"他们的。

菜贩看到他们，说"骗子来了"。跟几十年延续下来的"一手交钱一手交货"的交易规则相比，现在通过手机订货，看不到实物，要先付款，而且第二天才能把货送到，怎么听都像骗人。

看天吃饭的上游生产者更不能理解，这苦活累活我们都不愿意让下一辈干，你们这些城里人还抱着电脑跑过来问东问西，不是疯子、傻子，就是怪物。

通过一个APP来实现"买菜""卖菜"，这是过去没有出现过的交易模式和服务模式，是已知世界里没有的东西。彼时的农业，跟移动互联网的距离还很遥远。

听着不舒服，做起事情来也没有捷径。"小菜菜"们一遍遍用嘴皮子磨，后半夜跑到菜场学采购，睡在农贸市场门口，用大货车搬卸土豆，各种"死缠烂打"，终于在2015年3月10日迎来第一笔客户订单。

回头来看，余玲兵说，宋小菜改变的不是交易方式，改变的是习惯和信任。

"我们内部会说一句话，叫相信相信的力量。我们相信通过技术，通过APP产生的订单，是可以做一些事情的，我们也让他们相信，未来是可以发生改变的，应该给数据、给互联网一个机会，也给我们、给他们自己一个机会。"

而当信任感建立起来，改变的不只是一点点。

武汉卖菜的王建平，2015年第一个在宋小菜上订了一箱花菜，从此跟宋小菜结缘。几年来她每天都要从宋小菜上订货，又便宜又方便。

山东兰陵县南桥镇的谭玉龙，做了10年农民经纪人，帮乡亲把大蒜卖到上海。2017年遇到宋小菜后，他不用农村和销售市场两头跑了。因为订单稳定，他将更多精力转向一产种植和二产加工。目前他每年有7000吨的订单量，直接带动了600多户农户。

支撑这些变化的背后，是宋小菜独特的以销促产的"反向供应链"模式——通过收集城市农贸市场菜贩子的采购需求，基于交易数据对市场进行预估，指导上游菜农按需生产，从而解决蔬菜市场产销信息不对称的矛盾。

"对生产者来说，种什么好卖，什么时候好卖，永远是一个模糊而未知的东西，小菜把数据给他们，告诉他上海人民喜欢吃什么品种的土豆，什么规格，他们在乎土豆的什么品质，你只要把土豆种好，品控做好，你就有竞争力了。这就是数据的力量。"余玲兵举例说。

因为订单的确定性，生产能力进一步释放出来，支持了规模化的生产。

对菜贩来说，宋小菜聚合了他们的订单，帮他们做集采，帮他们谈价格，争取权益。

传统的蔬菜流通中，从产地到两级批发市场，再到农贸市场，再到消费者，需要七八道环节，损耗率在10%—15%。通过宋小菜，蔬菜从产地到菜贩手中，最多只要装卸两次，损耗率仅为0.3%。对菜贩来说，进货成本降低，而且可以安心买，安心换。

宋小菜用数据化方式，在需求和生产间，做了一个精准的匹配和连接。

贰
"一起合伙，改变中国"

余玲兵是在阿里巴巴赴美上市的那个月离职的。

2014年9月，已是高管的余玲兵对自己说：从阿里毕业吧，我出去闯一闯。

一个关于互联网农业的梦想，在他心里方向清晰但样子朦胧地鼓荡着。

余玲兵对农业的关注始于2010年。那一年，女儿出生，初为人父的他开始关心食物的来源。

之后他在阿里负责了3年农业电商，农村的反差让他震惊：老家还是老家，产能低下，互联网渗透低，电商在生鲜农产品中占到的份额只有3%。

那几年，他看到最多的一个大概率事件是——因为产销不对路，因为丰收丰产却导致了滞销，作物烂在田里，堆在村口。

"说起来，将近1亿农民，600万农民经纪人，180万生产合作社，45万出口加工型企业，这些上游的生产组织，过去一直生活在忐忑不安中，没有安全感。"

从阿里离职后，他到美国、新加坡、日本游学交流了一段时间，有了初步服务农贸市场的想法。而最终促使他找到共鸣的，是当年12月报上的一则新闻。

那篇报道的主角是菜贩小张，他捡到钱包毫不犹豫还给失主。

那是篇"最美杭州"的表扬报道，余玲兵关注的却是一家人的生活状态：来杭14年，小张每天每晚上10点起床，骑电动车去勾庄进货，凌晨1点骑回菜场，一直忙到吃过午饭，家人继续守摊，他回家睡觉。日夜颠倒的生活里，两个女儿基本见不到爸爸。

这样勤劳辛苦，却支撑着城市人一日三餐的蚂蚁雄兵，在中国有1300万。能不能为他们做点什么？

还有两篇关于菜贩的报道让他印象深刻，一篇是说黄沙车又出事了，掩埋了一对夫妻，那对夫妻是后半夜去进货的菜贩。另一篇报道说最后一个杭州菜贩，干了20年，离开农贸市场要退休了。什么意思？这件最辛苦、最累、最不被看见的事情，杭州本地人没人再干了。

这些关注点结合在一起，余玲兵找到了突破口——他要做一个"手机上的勾庄"，让这群人的采购变得更简单，让他们能省出点时间陪陪家人。他决定从菜贩子着手，从这里开始改变农业的生产流通方式。

毕业于浙大新闻系，曾经在电视台工作过的余玲兵，有一种深深的人文情怀，他为他的人文情怀，找到了一个具体的梦想落脚点。

三天后的12月17日，他遇到了天使投资人——阿里巴巴十八罗汉之一的吴泳铭。后者对他说：这件事值得做，而且值得用大钱来做。它是一件难的事，是一件要打持久战的事。我支持你。

12月17日后来成了宋小菜的生日，也是合伙人日。"1217"的意思是"要你一起"。

从1个人的想法，1个投资人的支持，到2015年1月1日宋小菜正式注册，来自阿里、世界500强企业的团队加入进来，越来越多的菜贩、供应商、农民经纪人加入进来，一起参与到互联网农业的各个环节。

"这不是一件一蹴而就的事情，不可能靠一个人的能力去做，需要更多人的合作。一起合伙，改变中国，所有人用各自擅长的东西，能够推着农业往前一步。"

叁
身上长着红绿灯的人

走进宋小菜，浓郁的农业气息扑面而来。公司墙上画着一格格颜色鲜艳的辣椒、茄子、西红柿，旁边是指导农事的二十四节气。

楼梯口，可爱的吉祥物"宋小牛"脚踩大地，犄角冲天，一副生气勃勃的样子。

线上交易只是宋小菜整个流通领域很小一部分，更多的功夫在供应链的后面，要落地，要扎到田间地头，扎到农贸市场一线。所以，公司每个人都要像接地气的牛一样，必须要两腿沾泥。

"我们有四个字，入土为安。不管你是写代码的，搞技术的，还是做财务的，做人力的，都要进入业务场景，到核心产区去，对农业保持敬畏，保持学习。你坐在办公室里，永远都不知道真相是什么样的。"

这个做起事来脚踏实地的人，创业四年来，却有一种无时不在的危机感。

"如果我们做的事情，越来越像已知的某个公司做的，像传统公司做的，这让我最没有安全感。"

余玲兵认为，创业的本质是创新，创新的本质是用不一样的方式去真正地创造价值。

他说自己身上似乎长了一个红绿灯，只要进入这种已有模式状态，做的事情越来越像刻板的、习惯的做法，他就必须拉红灯。

比如第一年，公司一开始买了很多台电脑，还有点钞机、POSE机，做好了服务客户的准备。余玲兵觉得不对：过去不都这样做？这不越来越像一个长在PC端的传统的公司吗？

他喊了停，要求把PC端全部改成移动端。产配销一线员工，必须在手机上办公。接着，他又干掉了POSE机、点钞机，不管多难，必须让用户学会手机支付。到2016年底，实现供应商百分百线上结算。

这样的红灯，亮的次数有很多。最近一次红灯亮，是因为2019年宋小菜的扩张目标，要从45个城市扩张到80至90个城市。有人就计算了：按照这个方式，大概要招多少人。

余玲兵火了，他发现这又是一个习惯性的思维。他问团队，你认为用户没有发生变化，还是环境没有发生变化？如果所有东西都要靠人来做，那么互联网基因在哪里？

因为要求和标准高，同事用一个句式来形容他，说他是一个"既要……，又要……，还要……"的人。

"在创新公司里，必须要折腾，保持一个饥饿的状态，只有这样才能逼出大家的潜能，逼出新的变化和新的可能性。"

在他眼中，变化和创新是绿灯，他愿意为这样的东西去买单，错了也没关系。

正是因为不断突破习惯和已知，用新的思维去适应变化，宋小菜才能在不断创新中走得更远。

肆
让食物回归原本的味道

采访那天上午，余玲兵穿了一件橙色卫衣，给人感觉元气满满。实际上前一天晚上11点，他还在公司加班。

不知是习惯还是巧合，余玲兵在公共场合的衣服以亮色居多。穿着红色的毛衣做演讲，披着红格子衬衫拍照片，偶尔穿一下深色的西装，手里却拿一个红色的西红柿或橘色的胡萝卜。

同事说他是工作狂，对工作永远充满想象。在热情和想象中，宋小菜跟初创时比，已不能再用"手机上的蔬菜批发交易市场"来概括，而是长出了很多新能力。

依托之前积累的订单和数据，宋小菜正在往物流、仓储、数据、金融等供应链相关服务方向拓展。

2018年，宋小菜的数据和订单开始赋能上游供应链，提供金融服务。过去农户一无不动产抵押，二无信用记录，想贷款很难。而宋小菜积累的真实交易数据，成了农户的"流水和信用证明"。同时，宋小菜日趋成熟的价格数据库将难以定价的农产品的价值量化，农产品变成了可以明确估值且易变现的抵押物。

深入其中，还能发现一些行业的潜规则。比如有些上游为了讨好市场，会做一些不合规的事情。老百姓喜欢买白色的蒜，就会有人用药水来泡。

宋小菜介入后，坚决不让这个事情持续发生，怎么安全怎么来。因为有订单，就有机会去改变生产的标准，让大蒜恢复成本来的样子。

再比如有些地方的西红柿，消费者喜欢挑表面光光的，还带着萼片的那种，觉得新鲜。但是在长途运输过程中，萼片容易把西红柿的皮戳破，变质腐烂后会导致大面积都受影响。怎么办？研发的品种皮厚浆少，越来越好看，但也越来越不好吃了。

"今天的很多不好吃，其实也是我们的无知导致的。我们的挑剔，我们的不专业，我们的颜值控，逼着生产商和流通商改变了我们小时候的味道。"

通过对行业的了解，通过订单和合作，他们正慢慢尝试着推动食物回到原来的样子。这也是一位父亲为食品安全而进行的一场艰苦的探索和创新。

余玲兵对内讲得比较多的一句话是：不忘初心，不要瞎搞。余玲兵解释说，本心是人不是事，希望通过卖菜这件事去影响人。不要瞎搞，意思是一心一意做好一件事，坚持做认为正确的事情，把这个核心内核做强。

他办公桌背后的墙上有一幅字，正写着：不要瞎搞。

"不要瞎搞，一步一个脚印，这其实是碰到任何困难的时候，一根定海神针。"余玲兵指着背后这幅字说。

人生没有平行线，
为什么做？没有第二条路。

熊猫有礼 创始人、董事长

熊猫有礼

有故事　　意思 · 有

这几年姚晓东养成了一个习惯：每个周末会选一个下午，到办公室里安静地坐着，有时电脑也不打开。那是属于他的独自的思考空间。

而在创业前，他喜欢热闹，周末他最常做的事是去爬山。

熊猫有礼这个品牌，就源自一次爬山时他发起的公益众筹活动。

这个带着公益基因出生的品牌，有情怀，有故事，有好物，被认为有机会成为农产品伴手礼领域的"网易严选"。

到2019年1月，熊猫有礼沉淀了60万粉丝，爆款频出，营收逐年翻番，已进入盈利阶段。

作为消费升级赛道上的玩家，熊猫有礼聚焦"无添加、高品质"的农特产品，把日渐稀缺的自然好物带给人们。

创始人姚晓东说，吃得绿色、健康，是全民追求，创业路上我们选择了一个对的方向。

熊猫有礼规模不算大，但发展得极其稳健和有温度。来自天南海北的特色农产品，经过他们的发现和传送，成为用户捧在手中的温暖的礼物。

壹
第一个提出农产品+伴手礼概念

姚晓东是"误打误撞"入局的。

2015年清明小长假，他在临安爬天目山的时候，偶遇一位身背竹笋的老农。一百多斤的笋，也就五毛钱一斤。感慨之余，他拍了张照片，发了朋友圈。

"遍身罗绮者，不是养蚕人。"这是他发的文字，配着笋农的背影。没想到引起圈内朋友的共鸣，大概60多人留言说，我们要帮他。

他当晚就做了一个决定：发起众筹，帮那个村的笋农卖笋。

一周时间内，众筹完成，货发完，到第七天，参与众筹的小伙伴们在西湖边"纯真年代"举行了个小型路演，意犹未尽地希望把公益继续做下去，继续寻找好的土特产。

因为是从竹笋众筹开始的，熊猫爱吃竹子，他们想了个名字叫"熊猫有礼"。

就这样，一个善举催生了一家创业公司。

"刚开始就是玩玩的。"不管姚晓东，还是其他几位联合创始人，一开始心中更多的，是兴趣和情怀。

怀着热情，他们在全国各地寻找特产美食，很快吸引了一批"猫粉"。因为定位是"特色农产品伴手礼"，所以很注重产品的包装和设计感。

比如有一款柿饼，他们放弃了传统的大包装，而是将每个柿饼做成独立小包装，既好吃，又精致，提升了产品整体档次。

因为融入了独特的创意，他们改造了传统土特产品的形态。当一个个设计好看的单品组合到一个礼盒去出售的时候，熊猫有礼的高颜值优势就充分发挥出来了。

那个时候，伴手礼行业和特色农产品行业的玩家都不算少，但把两者结合起来做细分领域的却不多。尤其是很多地方的土特产，还都没有往精致化方向发展，往往不讲究包装。

熊猫有礼无意中闯入了一个细分市场，发展成国内首个特色农产品伴手礼团购平台。

2015年7月，熊猫有礼公众号上线，3个月后，就拿到900万元天使投资。2018年初，又完成千万级的Pre-A轮融资，充分说明资本市场对熊猫有礼的青睐。

他们精心设计的西湖盛宴礼盒，集中了杭州有代表性的8样特产，深受好评，卖到脱销。在乌镇召开的世界互联网大会，连续两届熊猫有礼都入选为志愿者伴手礼。

因为在垂直领域内积攒了一定的影响力，这两年也有很多城市的旅游部门、媒体找上门来合作城市伴手礼，比如衢州有礼、浦江有礼、海宁有礼等，都有熊猫有礼的设计助力。

贰
我愿意等，你也别急

位于滨江的熊猫有礼，眼下正是最忙的时候。公司吉祥物熊猫番番站在门口，萌萌的，很可爱。

这家在众筹过程中"玩"出来的公司，靠着情怀和一腔热情，"玩"出了一些名堂。

为了找到原生态的绿色食材，几个创始人组成发现之旅小分队，招募粉丝一起，化身行者，用脚步丈量中国乡村的土地，在"边逛边吃"中把最能代表当地特色的农产品带给消费者。

东北无人区，西域湿地新疆，彩云之南，三秦大地，都留下了他们的足迹。他们一边寻找，一边记录，用视频、图片、文字的形式，全方位展现农特产品最原始的生产和种植环节，呈现大自然的美味，也记录下沿途的美景。

这些用心制作的内容，发在公众号上，从物质到灵魂都吸引着粉丝。

熊猫有礼商城首页有句话："每天吃点好的，人生就不会太坏。"让人心里一动。

这句话是姚晓东写的，他是那种对文字有洁癖，发个朋友圈有时都要字斟句酌个把小时的人。

在熊猫有礼那个洋溢着文艺气息和清新感觉的平台上，包装精美的土特产品，灵动的文案，暖心的农人故事，都吸引着粉丝。

几乎每个月，小分队都要深入原产地去寻找好产品。光是第一年，他们就走过10省30市。

有意思的是，这种半玩半创业的"逛吃"状态持续了大半年，直到2015年11月，公司才正儿八经招人，几个创始人也陆续进入全职状态。

不过最根本的，是让大家吃到绿色健康的土特产。

姚晓东认为，好产品需要亲自把关，更需要用数据说话。上线第二个月，他们就跟世界级的第三方食品检测实验室梅里埃诺安等多家机构合作。所有产品，小到一粒米，大到一瓶油，都要经过第三方机构近200项农残和重金属检测，质量严格把关。

他们曾经寻找到黑木耳中的鼠耳，口感很好，很有嚼劲，但检测出来重金属超标，只能果断放弃。

健康、美味、高颜值，正是消费升级领域人们最关注的三个方面。而无添加、高品质，被视为熊猫有礼的产品生命线。

所以，他们说："我愿意等，等果实成熟，等粮食酿成醇酒，你也别急……少耐心便难有惊喜，不诚实，就没有信任。"

叁
试错和试对

几年前姚晓东的生活是这样的：坐在上海高档写字楼里，从事着光鲜亮丽的金融工作，下午3点多交易结束基本上就可以去喝茶聊天。有闲情看球，有逸致做烘焙，周末陪女儿来个短途旅游。

跨行来创业，他发现很多东西需要不断尝试，需要比别人花更多的时间，也会不断的试错、踩坑。

2016年中秋节，有过一次疏漏。那次合作客户订了一批鲜花月饼，因为担心G20前后大货车进城不方便，他们提早一个月把月饼从云南运过来，结果因为气温高月饼出油了。尴尬的是，有一批月饼已经送出去了。

当时有种天要塌下来的感觉，姚晓东眼泪都要掉下来了。

赶紧空运一批月饼补救，该换的换，该赔的赔。那次损失了不少，但结果还不错。客户觉得他们勇于承担责任，比较靠谱，第二年跟他们继续合作。

这也给了姚晓东一个教训，一直强调自己检测做得好，但品控并不仅仅是要保证采购来的那一刹那是好的，"后来这种业余的事情我们就不干了，找了专门负责品控的人过来，做好存储条件等流程。"

这是试错的教训。也有试对的喜悦。

2017年10月份，熊猫有礼创造了一个小奇迹，临安山核桃2小时销售一百万，在多家平台上销售排第一。

成功得益于跟丰巢头条的合作。"这是自媒体的红利。我们勇于尝试了，第一个在丰巢上推文。换成其他产品，也行，但别人没这个眼光。"

这次成功的合作，据说后来被丰巢当作案例拿去招商。

同样是在2017年，由于熊猫有礼的产品天然健康，包装新颖，深受网红喜欢，熊猫有礼与网红薇娅、林珊珊等均有合作。网红带货好产品，效果很明显，10000箱新疆老酸奶1秒售罄。

当然，初心始终未忘。

陕西周至猕猴桃受连日阴雨影响大面积滞销，尽管媒体在报道，但上门帮助销售的寥寥无几。得知消息，2018年3月份，熊猫有礼赶赴产地，帮农人宣传。

跟每次发现之旅一样，团队从农人故事、加工工艺、供应链流程等方面全方位呈现。

刚剥开果汁就溢出来的试吃实测图，让人对着不含激素的天然好产品流口水。每天坐在村口手拿猕猴桃心怀希望等待商家收购的老婆婆，让猫粉们一边哽咽一边下单。

爱心义卖，帮助了农人，也让大家吃到真正好品质的猕猴桃。

勤奋和善良，这是姚晓东推崇的两个价值观。

他曾经和一位优秀的老板共事过，那是他眼中真正的大佬。人很低调，是私募圈子里的神话，悄悄做过很多公益，最让姚晓东意外的，是老板竟然请美术名师教聋哑人画画。

"功德无量啊。很受他感染，这样的人生才是成功的人生。"

肆
创业打开了自己的另外一面

采访姚晓东那天，他有些感冒，不时咳嗽几声，中途还吃了勺念慈菴。

他很少接受采访，他的理由是，"像我们这种苦唧唧的创业公司，做得并不好，你们别来。"

"苦唧唧"是过于自谦了，但他说自己确实不是太激进的人，他的性格偏保守。

"经济寒冬的时候，梦想可以放得低一点，我们现在的目标很简单，养活团队，养活公司，让这个品牌好好走下去。60位同事在这里，他们要挣工资，还房贷，结婚生孩子，他们有需求在，我们就有责任把企业经营好，而不是说我做多大规模给别人看。"

他坦承人都有虚荣心，做得好的时候都会有些小膨胀。但他会很快冷静下来，创业是向死而生，这个时候，更需要脚踏实地。

这位2004年毕业于浙江工商大学的浙江省优秀毕业生，30岁后先后成为华泰长城资本副总，小咖资本合伙人，投资过南派泛娱，过往的经历让他看问题更趋理性。

他看戴威的摔跤：站在创业者角度，有种惋惜的同理心。这种人还是蛮厉害的，我们也很尊重，见过这么大场面，手上拿过几百亿，格局完全不一样的。如果有人帮他一下，一定能站起来，这种人不会昙花一现的。

他看眼下这个寒冬：未必就是坏事，我一直劝人家降杠杆，现在大家都在去杠杆，清醒一点，有多大能力做多大事。

创业之于他，也打开了他的另外一面。

他原本内向，创业后逼自己准备材料公开演讲，这是个突破。

以前他一直说自己是逗号，做副总最合适，有老板跟在后面画句号。现在自己成了句号，麻烦的事情，头疼的事情，必须一样样扛起来。

"人生没有平行线，为什么你会碰到老农，为什么你发起众筹，没有第二条路，有时候，上帝比我们更了解我们自己。"

而熊猫有礼能够不通过烧钱就进入盈利阶段，也有点出乎他的意料。To C的产品销售和B端的企业礼盒都做得不错，海康威视、万科、华为都是他们的大客户。

"因为没有行业积累，我做这个事情要累一点。但我相信一万小时定律，给我几年时间，我也能做成。"

炫酷的无人机编队表演背后，
有一个关于"无人机大脑"的梦想。

若联科技 创始人、CEO

创业以来，金洁最开心的时刻，是他们的无人机在空中做了精彩表演后，安全返航。

这样的时刻有不少。最近的一次，是2019年7月11日晚，在杭州2022年第19届亚运会官方通信服务合作伙伴签约发布会上，若联科技携230架无人机，在空中拼出"2020""杭州LOGO""5G"等字样，引得市民惊呼。

往前，5月20日，150架无人机在钱塘江上演"520祖国"（我爱你祖国）灯光秀，不仅震撼刷屏朋友圈，而且上了央视新闻联播。

开心之前是"战栗"。在每次无人机惊艳亮相的10分钟里，当围观者激动地拍照、欢呼，金洁却在战栗中希望表演精确呈现。

2018年，金洁创建的若联科技开始了无人机编队表演。跟天上绚烂绽放的烟花相比，无人机的空中翱翔和舞蹈，没有大气污染、噪音污染，只有高科技带来的炫酷感，带给人强有力的视觉冲击。

目前他们已经在世界人工智能大会、浙江省政府5G+行动发布会等重要场合数十次直播表演，罕见地做到零事故、零误差。

而据了解，因为存在很多技术难点，有能力进行100架以上规模的无人机编队表演的公司，并不多。国内从北到南，数得上的也就5家左右，杭州的若联科技是长三角唯一一家。

近日，造梦之城采访了若联科技的创始人、CEO金洁。博士没读完就跑回国内创业的他，对无人机有着怎样的热情和野心？

壹
用灯光制造一场空中交响

2015年，无人机进入大众视野。

那一年，全球民用无人机的市场销量为57万架。那一年，国内无人机公司屡屡获得天价融资。那一年，英特尔首次实现100架无人机的灯光秀，效果震撼。

也是在那一年，还在爱尔兰读博士的金洁回到杭州，创建了若联科技，开始进军无人机行业。

创业初期，公司的初衷是做无人机的智能化和网络化，即做底层核心技术，核心产品以工业无人机飞控模块和系统解决方案为切入点。

做了三年，若联科技在移动机器人控制和计算机网络领域拥有多项专利和创新技术。比如2017年6月，全球第一款专用于工业应用的全可编程Phenix Pro飞控问世；2017年9月，他们发布了集群控制的通信网络子系统。

通常意义上的飞控，如人的小脑区，可以解决控制、平衡，若联打造的飞控更智能，相当于把小脑和大脑集成在一颗芯片里，除了平衡控制，还可以如大脑般进行感知和思考，他们称之为"无人机大脑"。借助此无人机可以自主完成很多工作。

当若联科技的两个系统融合，就能实现无人机的集群飞行，他们把技术应用于编队表演。既是技术上的验证，也带来商业上自然而然的成功。

2018年5月份，在云栖小镇举办的首届2050大会上，若联科技无人机编队表演公开首秀。46架无人机整齐排列成"2050"的形状，在云栖的夜空绽放。

当时条件还很简陋，没有建模软件，都是人手去算。金洁回忆说："就跟高中生做立体几何一样，我在这个空间里面，怎么样不要让他们碰撞，还要把队形组出来，当时全是手工去做的。"

不算是一个很高的起点，但却是一个顺利的开端。进行无人机编队表演一年多来，他们放飞的无人机数量一直在增长，每一次表演都完美呈现。

一次无人机编队表演，就如一场空中交响乐，只不过声音变成了灯光。每一架无人机都要在指定时间到达指定位置，不开小差，不迟到早退，才能共同打造炫酷效果。而背后的"指挥"，是一台计算机和一位操作人员。

"主要做两方面事情：一是指挥无人机的起飞，无人机通过指令把预先编排好的舞蹈程序从飞控内存里读出来，表演出来；另一方面，一旦有状况发生，要通过地面计算机和集群无线电把飞机救回来，不伤人，不损失。"

金洁说，做编队表演除了技术方案必须过硬，还需要团队成员间无缝衔接地配合。这是"人和"。

而要无人机集群表演百分之百精确，还需具备天时和地利。"天时"指的是风不能超过6级，"地利"指的是不能有同频段且大功率无线电信号干扰集群控制通信和全球定位通信。

不过，金洁他们还是冒过一些险，在风里雨里都飞过。

2019年6月初在三亚，他们带着200多架无人机去表演，结果遇到暴雨天气，无人机盖子里的水积了一半深。

下雨天风险其实比较大，对定位系统、信号接收以及机子本身受潮度等都有影响，但去三亚一趟不容易，如果不飞，客户和现场观众估计都会挺失望，"子弹已经上膛了"。

顶着巨大压力，金洁选择起飞。他的方案是先做单排起降，"就像人踢足球一样，先热热身，看腿和脚是不是有些旧伤在，有问题的赶快换掉。"

就在正式要起飞的时候，雨停了，"运气挺好。"

不过从安全角度讲，天气状况不好的时候，金洁建议还是不要飞。"飞机的碰撞是多米诺效应。"

因为技术过硬，口碑好，若联科技的客户中不乏浙江省政府、上海市政府、浙江卫视、中国移动这样的重要客户。

贰
无人机编队是个作秀的事情，有技术含量吗？

2018年夏天，金洁决定花大精力做无人机编队表演时，遭到了团队的反对。

尽管英特尔的无人机灯光秀在迪士尼上空、平昌冬奥会开幕式屡屡创下纪录，国内的无人机商业表演那两年也不时在广州、西安等地精彩上演，但"毕竟这是一种作秀的事情"，大家心有疑虑。

第一个疑虑是：这个东西有技术含量吗？——事实证明技术是个非常重要的门槛。

第二个疑虑是：这样一种表演形式真的能替代烟火吗？它能走多久？

跟大疆面向消费级无人机市场不一样，若联科技面向的是B端企业，一开始瞄准的就是无人机的商用和工业应用。他们的想法是，在上游做一个核心的大脑，其他交给产业链下游去做。

当时的若联科技，技术产品已经做出来了，国内外很多顶尖的与无人机和机器人相关的科研院所和高校都很感兴趣，但集不了太多量。

行业正处于成长早期，产业链各个环节都没有配套，如果靠散户去卖产品，可能很快就支撑不下去了。这逼着他们要去做应用，找到一个具有市场前景的好模式。

在尝试过电力电网、智能巡检、特种检测等工业应用项目后，金洁意识到，无人机编队表演是一个更好的能让商业变现的模式，盈利模式非常清晰，而且被验证过了。

大家被他说服，团队达成共识。

无人机表演其实是一个暴利市场。据媒体2018年的报道，无人机表演中，正常的市场报价是一台无人机一万元，媒体也据此得出"卖无人机不如搞无人机表演"的结论。

但要挤进这个市场，其实并不容易。

"飞100架飞机的挑战跟飞50架飞机的挑战完全不一样，难度不是简单乘以2，而是指数级上升。"金洁说。

再往深处探究，无人机行业公司不少，因为涉及技术环节多，所以形成系统级方案的公司稀少。而且无人机成本高，一般小公司无法像英特尔那样不惜血本去投资。投入有限，采购回来的零部件可靠性自然也有限，炸机、失误等难免发生，只能通过软件不断地去查漏补缺。

行业内有一句话：大部分无人机公司连一台飞机都飞不好。可见其技术门槛之高。

作为一家年轻公司，若联科技目前有30人左右，团队不大，但都很精。业务骨干是来自华为、中航、中船重工、海康威视等企业的资深工程师，技术研发团队核心成员来自爱尔兰都柏林城市大学、英国曼彻斯特大学、浙江大学、南京航空航天大学、哈尔滨工业大学等国内外著名大学，若联科技与浙江大学、杭州电子科技大学等高校均合作成立了创新中心。

他们也一直在技术上更新迭代，推动无人机具有一定的智商。譬如说，在飞行列队中有一台出了故障，它会进行应急自救，是调整舞步还是返回替换，无人机和总控计算机会"进行协商"寻找最优解决方案。再譬如说，任意手写一个"stop"，无人机都能读懂，看到后会自己降落。目前若联科技无人机的运算能力是通过摄像头1秒钟能看懂3张图片。

金洁打了个比方，若联科技的无人机智商差不多相当于一岁到一岁半的孩子。

叁
每一个细分方向，都有可能长出一个大疆

采访在若联科技的飞行实验室进行。实验室的地面铺着地板革，踩上去软软的，周围是一圈绳子。几乎每天，都有无人机在实验室试飞，基本算法在这里验证完成后，到外面飞就比较有把握了。

1986年出生的金洁，清瘦，待人彬彬有礼，这位每天工作12小时以上的CEO，拿着不同型号、不同款式的无人机给我科普。

一款巴掌大小的无人机，既可以用来做编队表演，又可以用于教学。在金洁看来，无人机可以作为一个人工智能机器人教育的载体，教会孩子们其中的数学、物理原理，在寓教于乐中让他们学会装调、编程和创意设计。

目前，他们正和滨江的一所小学合作开发人工智能教育的课程体系，若联科技的无人机将在新学期进入小学课堂。

这种教学用小无人机，轴距大概90mm，平时用于飞行表演的无人机块头则大得多，是小无人机的将近4倍。目前若联科技总共有十来款无人机产品，分别用于工业、编队表演和教育。

之所以选择做无人机，跟金洁的学习经历紧密相关。他2010年从杭电本科毕业后，获得丹麦政府奖学金去全球机器人领域首屈一指的学府南丹麦大学读了硕士，随后又去爱尔兰国家网络中心读博士，并参与欧盟项目，部分研究成果已经作为欧洲下一代网络技术标准，他的博士课程做的是就无人机移动边缘计算和网络。

他曾设想过，以后到剑桥大学做了博士后积累更多资源，然后去创业，但后来回国访

学，往返几次后，他最终选择休学到杭州创办公司，因为"机会不等人"。

做无人机，他觉得自己会拥有一生的热情。因为这个事跨专业很厉害，机械、力学、控制、电子、通信、计算机、物联网工程，几乎把他本硕博所学的东西都糅合在一起了，形成了极其难跨越的技术壁垒。

他认为，未来无人机本质上是飞行的机器人。他们在做的事情，就是用机器人+计算机算法，实现"机器代人"。

创业初期，市场上能够商用和工业应用的无人机大脑，几乎是空白。但金洁认定了这个未来，他觉得就像电脑需要CPU一样，无人机大脑也必将是技术核心。

所以，他们常挂在嘴边的一句话是：无人机改变世界，若联改变无人机。是美好的愿景，也是有底气的野心。

他长期看好无人机在垂直行业尤其是工业方面的应用，他认为无人机的企业级应用，才刚刚开始。"每一个细分方向，都有可能长出像大疆这样体量的独角兽。"

而当有一天，产业链成熟到一定程度，他希望把无人机大脑以外的各个环节都交出去，甚至包括编队表演。

"现在由于财务压力，我们必须要去赚这个钱，但当未来行业成熟的时候，我们想像英特尔那样，更专注，做更加上游的无人机大脑和操作系统。"

他的面前也许会是一条比较长的路，不过他显然已有准备。

他加工了丘吉尔的一句名言来告诫自己："阶段性的成功和短暂的失败都不说明问题，真正能说明问题的是你要坚持下去的勇气。"

精髓就四个字：永不放弃。

这个世界会朝着比较好的方向去走，
我是理想主义者。

陶伟华

『差评君』陶伟华 除了向前，没有其他方向

2015年的夏天，位于杭州仓前的梦想小镇，海归青年陶伟华几乎没日没夜地做着一件事：码字。

为了赶在24点前按下"发送"按钮，每天他要一刻不停地做大量工作。通常是上午10点开始，打开电脑看一圈新闻，下午3—5点确定了选题，之后再集中看3小时资料。中途用15分钟解决晚饭，剩下的时间用来码字。

一篇又一篇围绕科技热点和互联网生活的文章，通过"差评"微信公众号传播出去，作者的署名是"差评君"。

那时候的"差评君"来不及谈梦想，更没有什么周末的下午可以回首一下往事。每天工作至少12小时，一周写七篇文章，在如此高强度的工作状态中，要学会第二天醒来，把前一天写的东西快速忘掉。

"差评君"写得异常辛苦，读者却读得非常过瘾。幽默的语言，犀利的文风，风格另类的文章迅速吸引了一大群粉丝。三个月后，"差评"迎来第一篇10万+；半年后，公司从1个人开始慢慢壮大。

时至今日，拥有800万粉丝的"差评"，已成为科技类媒体的佼佼者。在最近的新榜公众号排名月、日、周榜上，"差评"和果壳、虎嗅轮番夺冠，成三足鼎立之势。

作为优秀的新媒体，"差评"也得到了科技行业的广泛认可，与苹果、谷歌、大疆、戴森、特斯拉、华为等一线品牌建立了深度合作关系，并成为受邀参加苹果WWDC大会、谷歌I/O大会为数不多的中国媒体。

壹
一个另类的公众号
"从小到大就喜欢不一样的东西"

不管是一个人还是一群人，"差评"这个号始终显得与众不同。

尽管每天推文的时间在深夜，过一个小时再看，头条阅读量不是早已10万+，就是离10万+不远了。

清晰的逻辑，轻松的文字，以及文中充斥着的高级黑语气，让人阅读起来充满快感。

其实最初想得很简单，陶伟华只想做得"不一样"一点。"从小到大我都喜欢不一样的东西。"

"差评"的不一样，体现在两个方面。

一是通过文字结合图片、动图等多种方式，让"高冷"的科技变得通俗易懂。粉丝中，有相当一部分原本并不是科技迷，但是在这里喜欢上了科技。

另一个"不一样"就是成了科技圈内最会吐槽的公众号。随手翻翻就能看到类似《你妈知道你学了三年动画就做出了这种东西吗？》《大学还没毕业，你的信息就被卖去纳税了？》这样的题目，你能忍住不去一探究竟？

因为敢说敢做，diss过的上百家公司中，不乏网易、百度这样的互联网巨头，"差评"被粉丝称为一股清流。

"差评"的文章，娴熟运用网络流行语，轻松驾驭成语和古代汉语句式，文内各种知识点密布，还善于制造新梗，读来常令人欲罢不能。

不过吐槽时要的是事实和依据戏剧化的碰撞，而非无缘无故去骂。"不是纯diss，高级的做法应该是被我们骂的人，自己看到都会笑的。"

比如有一家大公司，被批评后积极回应，还启动了自查程序。

陶伟华说，其实95%以上被骂过的公司都不记仇。"每个企业都想做一个光明正大的企业。每个互联网人都是有梦想和情怀的。"

之所以起名具有批判精神的"差评"，跟当时的科技互联网乱象有关。PPT造车，O2O造假，线下博彩，网络的黑产、灰产，倒卖信息，等等，都被"差评"毫不客气地揪出来批评过。

事实证明，被他们揪出来的一些乱象最终受到了应有的惩罚。

他们批评过的"所罗门矩阵"，被称为中国互联网史上最大的骗局。他们揪出来的"巴铁"，创始人非法集资被捕。披着"量子科技"外衣的"龙爱量子"，也难逃法网。

搞这么多事情，不是为了怼人博眼球，而是希望看到事情向好的方向改变，去改变世界。所以"差评"的Slogan是"Debug the world"，他们翻译成"为美好发声"。

把科技内容写得深入浅出，通俗易懂，是"差评"的另一个独特之处。

2015年，陶伟华发现一个弊病，很多科技文章写得太拗口，传达一个简单的意思，会表达得很复杂。传统的写法中，读者面前似乎横着一块很糙的玻璃，看四五篇文章都整不明白，他希望把玻璃变得光滑，通透率高一点。

"把所有的官方语言翻译成人话，翻译成我们能理解的东西。一篇就让读者清清楚楚的get到信息。"

"差评"的文章中，会呈现事物的来龙去脉，让读者看得明白、舒服，还经常手动探索。比如一个AR（增强现实）产品，传统媒体可能就文字介绍一下技术的意义，"差评"会建个模、码个代码，让虚拟的LOGO与真实的世界融合起来，让读者深入了解。

因此写一篇文章要查阅大量资料，把原本晦涩的科技知识内化后再传递给更多读者。编辑团队中，大部分也都是对专业知识足够了解的理科生。

"差评"的运营主体是麻瓜科技。 麻瓜，这个J.K.罗琳创作的名词，表示不懂魔法的普通人。

而通过"差评"，科技，正成为麻瓜们的魔法。

贰
"一个幸运的人"
找到了自己擅长的事情

在"差评"出现之前，写文章并非陶伟华热衷的事。

中学时，60分的作文他经常考38分、40分，刚过及格线。他有年轻人的反叛，不喜欢固定话题的要求，有时也不认同其中的观点，分数总是不高。但他的作文常常被老师传阅。"写的东西比较逗吧。"

他喜欢写类似"在草原上狂奔的野马"这种东西。大学时他看了很多书，庄子、康德他都会去翻一翻。他比较喜欢通俗的逻辑性强的书，比如看长篇他喜欢韩寒，"看了第一页就想看第二页，看了第二页就想看第三页，没有理解的障碍。"

相比文笔功底，陶伟华觉得更重要的是"输出"。首先要消化吸收很多知识，其次要找到合适的方式表达。他对事物有一种敏锐的洞察力。

"我知道怎样更有意思，我也注重条理性。"

如果看"差评"文章，会发现他擅长用比喻、类比、反讽等手法。

第二次被发现，是在开始众筹。2015年1月4日，陶伟华入职，有一阵子帮忙写一些周末文章，反响不错。

开始众筹创始人徐建军发现了他的才华，鼓励他创办"差评"。从普通小编到公司CEO，他恰好用了6个月时间。

去开始众筹之前，从悉尼大学商学院毕业的陶伟华已待业半年，那时海归到处可见，找工作被阿里、网易都拒绝过。找工作的煎熬中，父亲甚至带他去了趟迪拜，想让他学习做生意。

成立不久的开始众筹接纳了他。前媒体人徐建军用人有独到之处，麾下鲜有名牌院校毕业生，却能带着一波人做出惊艳的世界杯特刊，做出杭州最有名的杂志和周报。

陶伟华也是他亲自面试的。陶伟华称徐建军为"军哥"，他记得面试时后者会问一些不着边际的问题，类似"喜欢抽烟喝酒吗？"这种通常面试不会问的问题，思维非常天马行空。

1989年出生的陶伟华，和1976年出生的徐建军有很多相似之处。陶伟华说两人是互相信任的君子之交。

独自去做差评的陶伟华，在一个人干了大半年后开始给公司招兵买马。招来的员工都是差评的粉丝，陶伟华的理由是：因为热爱，才能做好这件事情。

小黑胖、托尼、小二、世超、小花、小辣椒、火锅等人，现在都是"差评"的主力，驾驭着各有侧重的人格化IP内容。

从小作坊时孤零零的一个人，发展到公司里充满活力的一群人，"差评"成长速度飞快。

根据2018年底的新榜统计，差评2018年传播力超过99.98%的运营者，1亿累计阅读数；发布360天，勤勉度超过97.13%的运营者。10W+篇数 535篇，等于平均每天有1.5篇10W+。

陶伟华毫不掩饰对团队的赞美：假如我是传媒公司的，我会挺喜欢挖我们这边的人。底子好，对应的价值观也很好，德才兼备，品相俱佳。

问他觉得自己是个什么样的人？他想了一会说，"是个幸运的人"。

在文字中释放自己的天性前，陶伟华已有了相当多的行业积累。毕业前他想找互联网的工作，关注了很多内容，比如小米跟海康的关系啊，王兴是谁啊，互联网的一些历史啊，各方面他都有涉猎。

创业不在他的计划外，只是没想到会这么早。"我对自己期待没有这么高。"

通过"差评"，他找到了自己擅长的事情。

"原来我还有这样一个（才华），像游戏里隐藏的数字一样，被发现了，很开心，会想着怎么去用好这个东西。"

叁
一场风波
"杀不死你的，将使你更强大"

"差评"似乎是在不经意间悄悄做大的。

陶伟华记得，有一天正埋头苦写，"军哥"跑过来说："你知道吗，小陶，你成网红了。"

"啊？是吗？"陶伟华机械地反问了一句，继续码他的字。直到大半年过去了，融资开始做了，招人开始做了，他才反应过来——蛮多人知道"差评"。

虽然"差评君"在媒体报道中很少露面，但成绩还是纷纷涌来。"差评"获得了"艾瑞咨询中国95后最关注公众号TOP10""新媒体领域最具商业价值奖"等荣誉，几轮融资也都悄悄而顺利地进行着，甚至有只基金是通过在"差评"后台留言联系上后者并投资的。

直到2018年5月下旬，一切都在朝着光明的方向前行。

5月23日，"差评"宣布完成由腾讯TOPIC基金领投的A轮融资。本应是一个喜讯，却让"差评"遇到了一次前所未有的挑战。以前遇到过的删稿、举报等事情与之相比，都算不了什么。

新婚不久的陶伟华，前一天还在接受同事、朋友的真诚祝福，第二天下午，就感受到了排山倒海的力量汹涌而来。

一群大V、KOL（关键意见领袖）跳出来，"问责"腾讯，抨击"差评"，对这起投资表示质疑，紧接着很多围观者群起而攻之。

质疑的理由是"差评"洗稿。新媒体时代争议较大的洗稿问题，"差评"遇到过，曾作为被告上过法庭，最终法院"驳回原告诉讼请求"。那一次，赢了。

这一次围攻，没有人拿出证据来说明，一位财经自媒体作者称"实锤寥寥"。

更多的，是类似"贴上标签就让它揭不下来""庆祝差评遭殃"的情绪发泄和谩骂。

咄咄逼人的架势，给人感觉就像一群大人在欺负一个正努力往上长个的小朋友。

"前5个小时，是蒙的。"说起这场风波，陶伟华的用语都很简洁。

那段时间里，徐建军跑来跟他聊天，平时联系很少的投资人，普华集团董事长、头头是道基金创始人曹国熊，浙江文创集团董事长钱峰等人，也都发微信、打电话跟他说没关系，不要在意这些事情。很多朋友跟他说"加油"。

"这是最好的支持。"

24小时后，陶伟华调整好自己，重回工作状态。

要从公司的角度做一些回应，要调整好公司的心态，要处理好投融资的事情，包括退股的事情，一样一样来。

如果去翻那几天的"差评"公众号，每天6篇文章，整整齐齐，平静得像什么事都没有发生过。只有25日深夜（26日凌晨）的6篇推文，是一次有力回应。

有同事气愤到流泪，但大家空前团结，回应文章的风格依旧，有理，有据，有嬉，有笑，有怒，但没有脏话。

无数粉丝留言支持他们，有粉丝说：杀不死你的，将使你更强大。

虽然一群人搅黄了投资，但陶伟华说：没必要去思考这些东西，往前走。站在用户的角度，发自内心去做好东西。

陶伟华说自己有一个优点，就是把不开心都忘掉，开心的事情记得牢。

那场风波人们早就遗忘了，"差评"也不会把它当作包袱。事后他们也进行了反思，告诉自己"to be better"。

那段时间处理各种问题，每天陶伟华要忙到早上四五点钟，他有一个新发现："我原来都不知道，动物中起最早的是鸟。"

只有在谈到人性话题的时候，那天他问了一句：我能抽根烟吗？

肆
理想主义者
做好一个媒体人

风格独特的"差评"，有一个特立独行的"差评君"吗？

在开始众筹共事过的同事印象里，他是个有想法，充满激情，待人礼貌的年轻人。在"差评"，他看上去跟90后没什么两样。工位在同事们中间，跟大家一样爱喝可乐，吃炸鸡，偶尔写代码露一手，《乐队的夏天》热播时会抱着吉他在爱人面前弹一曲。

为了气氛好一点，他还给公司养了条名叫"火锅"的大金毛。在差友（"差评"粉丝的称呼）眼里，从3个月长到快3岁的"火锅"是流量明星，对公司人来说，"火锅"充当了"程序员鼓励师"的角色，大家都喜欢去遛它。

面前这个清瘦的CEO，戴着眼镜，语速较快，偶尔谈一个问题时声音会低沉下来。有时他也把头发捋起来，露出光洁的额头，像在捋思路。

跟四年前相比，"差评"的内容缓和很多，吐槽也少了，陶伟华觉得现在"网络环境还是蛮清朗的"。

比如中秋节前一天，头条是《有些科技也许不能在万人现场引发欢呼掌声，但可以在无人区默默改变世界》，点赞的是大疆无人机在农业和电力领域的作为。

不管是前期不客气的吐槽，还是现在由衷的赞美，初衷都只有一个：提供最好的内容产品给读者。

"参加各种有趣的发布会，把最前沿的内容传播给读者，让大家感受到科技的魅力。"

"差评"的盈利模式，跟大多数内容公号一样，主要靠广告和电商。这两块他们一直在赚钱。公号上"黑市"电商的利润达到30%，全年整个估计能做一千万元利润。

拥有造血能力，可以让他们更扎实地做想做的事情。

陶伟华认为，内容是积累和沉淀核心读者的地方，所以内容是"差评"的重中之重。当科技的深度有了，他们尝试向广度拓展，现在他们的新媒体矩阵里有汽车、旅行生活等方面的公号，还试水了视频。

他们背着摄像机跑到西北边疆和南方，拍了部反映校园贷的纪录片。两个曾经身欠网贷的学生勇敢站出来，讲述了自己的经历。31分钟的节目里，陶伟华以"左小龙"的身份跟"小黑胖"一起主持，他还为纪录片配了音。

"接到第一个逼债电话的晚上，我真的想去跳黄河。"曾经身陷其中的学生当事人，面对镜头回忆自己把最好的青春用在了借钱和辛苦还钱上，令人对网络贷款畏而远之。

那期视频，在B站、微信等平台上，有百万级别的传播。"看过片子的人，不会受到这方面侵害。"有点《东方时空》的感觉。

他们还推出了"Debug Time"，从社会生活中找题材，做一些深度特稿。目前他们已报道了外卖员、拾荒者等群体，关注了网戒等话题。陶伟华觉得媒体是挺好的表达方式，他乐于做一名媒体人，他带着团队在这条路上孜孜不倦地探索，就如他的微信签名：除了向前，没有更多方向。

最近他正在读一本书——《什么在决定新闻》，作者是美国社会学家赫伯特·甘斯，书中对CBS晚间新闻、《新闻周刊》及《时代》周刊等最厉害的几家媒体进行研究。

陶伟华说他对那个新闻业黄金时期很好奇，他想看看那时的选题、新闻规范。

如果问"差评"未来的目标，答案是"最好像《时代》周刊一样，我们能成为大的集团，下面有很多重点刊物。做一些正确的事情，我们的用户都能有所收获"。

这位每天早上起来都斗志昂扬，带着美好心情去上班的CEO说："这个世界会朝着比较好的方向去走，我是理想主义者，我坚持我相信的。"

"90 后"曾是他身上一个耀眼的标签，
眼下让他受到更多关注的，
是在灵活用工领域的探索。

邓建波

青团社 创始人、CEO

鼻梁上架着一副标志性的黑框眼镜，脸上总是含着笑，嘴一咧就露出一口洁白的牙齿。邓建波给人的感觉，永远充满创业的热情。

"90后"曾是他身上一个耀眼的标签，眼下受到更多关注的，是他创立的公司青团社，已成为行业翘楚。

7年前，大学生连续创业者邓建波进入了一个快速升温的赛道。用现在业内流行的说法，兼职平台青团社身处呈爆炸式增长的"灵活用工"领域。

一直向前奔跑的青团社，对外露脸频次不算高，但每次亮相都很引人注目。

2016年前后起，央视曾多次采访青团社，关注青团社对企业弹性用工的深入理解和探索。2019年2月份，青团社获蚂蚁金服领投的B+轮数亿元融资。

目前，青团社已覆盖全国300多个城市，为40万家企业提供弹性用工服务，平台用户超过1500万，其中大学生占70%。成立七年，青团社累计为1.2亿人次提供兼职服务。不论是求职用户规模、企业规模，还是单日报名人数，青团社都位列行业前三，成为实力雄厚的准独角兽公司。

壹

大学连续创业，创立国内首家免费兼职平台
他颠覆了过去的自己，也颠覆了一个行业

现在的邓建波，面对任何人都能侃侃而谈，可是十年前，他却是个性格极其内向、跟人说话会脸红的人。

大学他选择读物理专业，除了物理成绩特别好，还有一个重要原因是他觉得学物理不用跟人打交道。

但是一次兼职经历，改变了这个聪明而害羞的人。

大一时，听说喜欢的一个女生要去做兼职，他也偷偷报了名。兼职过程中，督导逼他去跟人沟通。锻炼过几次后，他发现嘴巴一旦打开，跟陌生人沟通没那么难。

兼职打开了他的嘴巴，也打开了他的另一面。

他摇身一变，从整个高中在教室里没说过几句话的孩子，变成了性格开朗、思维活跃的连续创业者。

第一次创业在大一，2010年，做了个外卖点餐平台。没错，就是美团后来做的事情，不同的是他们通过电脑下单。第二次创业，在饭桌上做餐牌广告，供顾客等餐时打发无聊时间，这个想法让人联想到江南春的电梯广告。

不过这些都没有成功。为了还两次创业问同学借的钱，邓建波开始做兼职。去的是当时国内最大的一家兼职中介公司。一个月，他卖了3000多张会员卡，赚了3万多块钱，债还掉了，他也创了公司的纪录。

老板从成都跑到杭州来找他，建议他做杭州区的负责人，管两家分公司。

于是邓建波选择了休学。那是2011年，他读大三。

在这份工作中，他发现兼职市场对大学生的需求非常大。而在这个连接着企业和大学生两端的行业里，传统做法都是中介求企业给岗位，靠向大学生收取中介费来盈利。这个门槛一定程度上阻挡了大学生迈向兼职的第一步。

面对兼职市场的前景，邓建波觉得传统中介公司通过线下对接效率非常低，于是向公司提出，打造一个免费平台。

建议提了大半年，公司没接受。于是邓建波辞职，决定自己干。

2013年7月，青团社成立。这是全国第一个免费兼职平台。事实证明他是对的——上线第一个月，就吸引了2万多名学生。一年后，占据杭州市场30%的份额。

"我们相信一个道理，当我们对学生免费后，学生的量会很大，当学生用户很多之后，企业用户也会很多。当两端用户数量都很大之后，我们通过互联网工具，可以降低我们的边际服务成本。成本降低，我们就可以把这个行业变革掉。"这是邓建波的逻辑。

如果说推行"免费"变革了兼职行业的传统中介模式，青团社对兼职理念的传播，让兼职受到更多大学生的青睐。

"在国内，人们把兼职等同于'勤工俭学'，这是种误解。兼职不是苦哈哈的发传单、端盘子。我们跟'95后'沟通的语言是：兼职是独立的象征，是你积累社会经验的方式，当然也可以非常好玩，很有趣。"

在青团社提供的岗位里，有餐饮服务、店员导购、客服话务、家教培训、行政文员、信息标注等普通兼职品类，也有试吃大闸蟹的体验测评员这样的趣味兼职，还有到香格里拉做换宿义工这样的公益活动。

相较于兼职中能赚多少钱，在这个过程中获得的成长、趣味与体验，更加吸引人。

青团社的Slogan是：一次兼职，一次成长。因为邓建波相信，做兼职给学生带来的帮助意义巨大，是在大学里一定要去经历的事情。

贰

激烈的赛道里，从"最后面"慢慢跑到最前面

拼内容，拼服务，在杭州把根扎深

位于杭州城西的青团社，公司有一面LOGO墙，网易、ZARA、星巴克、宜家、优衣库、肯德基等知名企业，都是他们紧密的合作伙伴。沃尔玛、Costa等连锁企业会把全国门店的招聘信息放到青团社来发布。

青团社创下的一些成绩无人能比——单日报名60万人次以上；一个用户在平台上一年平均报名次数30次。这些数据都远远大于其他任何平台。

但青团社并非一直遥遥领先，开始时甚至是"走在最后面"。当2015年青团社拿到100万元天使投资的时候，其他同行都是手持几千万美元。

跟青团社同年成立的兼职猫，已经获得多轮融资。2015年从58赶集分拆出来成立的斗米兼职，直接获得A轮4000万美元投资。那一年行业内涌进来两三百家兼职公司。

不过邓建波还是挺开心的，"第一次拿到钱嘛，特别兴奋，感觉一群很草莽的人做的事情，受到了正规军的认同。"

青团社之前的定位是帮大学生找兼职的公益组织，融资后才往商业化运营的方向转型。邓建波坦言，天使投资人华旦天使的张洁和个推创始人方毅夫妇给了他非常大的帮助。

"我们有时候对未来其实是有点模糊不清的，他们的经验指导远远高于我们自己去摸索。一般天使投资，可能做不到像花姐这样很真心地帮你推荐业务。"跟圈内人一样，邓建波称张洁为"花姐"，他对方毅的称呼是"老大"。

回头看，青团社自己总结，平台能做好有两个原因，第一是做好内容。打开青团社的APP，"万圣节兼职趴来袭，不给软妹币就捣乱"这样的首页推荐，以优秀自媒体的专业水准，一下子就能吸引眼球。

在大企业工作是什么体验？他们以沃尔玛工作场景为基础，拍了真实、有趣的视频，让人跃跃欲试想去大企业提升一下自己。

因为内容建设做得好，用户跟平台的黏性很强。

第二个原因是做好服务。服务要靠许多细节来保障，青团社的目标是，让用户体验是行业里最好的。

青团社刚成立的时候，整个行业并不规范，提供虚假信息的黑中介对大学生和市场造成严重伤害。所以青团社不光给学生提供兼职保障金和人身意外险等保障，对入驻企业的审核也非常严格。如果有"漏网之鱼"蒙骗学生，学生将获得全赔。青团社也是行业内唯一一个提供此项服务的。

后期通过相互的评价反馈等体系，剔除劣质企业，促进两端用户的精准、高效匹配。

因为企业数足够多，岗位足够多，服务足够好，市场口碑也不错，青团社在行业里脱颖而出。

相比很多公司把速度当作一个目标，青团社更重视在杭州把用户服务好。邓建波说，兼职的本质是一个双边+本地的市场。每个城市都是一个独立的双边的模型，所以当大家都去疯狂地推城市，青团社崇尚轻量化互联网运营模式，选择把一个城市的根挖得特别的深。

"人家在拼速度，拼规模，我们在拼内容，拼服务。"青团社的差异化发展理念，成了他们的优势。对他们来说，初心不改，慢就是快。

而灵活用工行业也正在成为关注度高的朝阳行业。邓建波相信，灵活用工一定是未来一个大趋势。

"很多工作岗位是可以按照单件来计费的，这就意味着工作效率可以被提高，带动单位时间里收入也会提高。通过灵活用工，企业可以降低用工成本。对个人来讲，越来越多人追求自由的工作，比如这个月环游世界，下个月疯狂工作。"

青团社自己就有几十个兼职岗位，学生在宿舍就可以工作，非常灵活。

除了服务大学生，青团社也在拓展服务白领、蓝领等更多人群的边界，目前，平台用户中有占比达30%的蓝领用户。

阿里研究院的《数字经济2.0报告》预测，未来20年8小时工作制将被打破，在中国有高达4亿的劳动力，将通过互联网实现自我雇佣和自我就业。根据《2018年中国灵活用工市场速览报告》，美国的灵活用工占比已达40%，国内这一比例不到15%。

中国灵活用工，面对的是万亿级市场。2019年8月份，随着《国务院办公厅关于促进平台经济规范健康发展的指导意见》的出台，"互联网+灵活用工"的平台风口越来越盛。美图以控股大街网的方式入局，快播王欣推出的"灵鸽AI"也正处在测试阶段。

而经过5轮融资的青团社，也正在快速发展。邓建波透露，目前有一半流量来自蚂蚁金服，规模也涨了四倍。"我们本来很强壮了，蚂蚁送了我们一对翅膀，那就会飞得越来越远。"

叁
all in一把，失败了也不后悔
越是相信过程大于结果，结果反而越好

邓建波曾做过一次TEDx演讲，题目是"年轻的资本"。那次演讲中，他给"年轻"下了个定义：年轻就是别人还能够相信你可以变得更加优秀。

他对台下的年轻人说，年轻时，应该想办法让自己去all in一把。理由是：如果all in成功了，很完美；如果all in失败了，能力也一定提升了。

他的all in，就是创业，就是青团社。离职后为了赚创业的本钱，他去电视台工作，招节目观众，三个月赚了一百多万元。拿着这个钱出来创立青团社时，谁都觉得他疯了，因为他竟然把最好的一份工作辞掉了。

2019年10月份，在青团社办公室，他说："我只相信一个事情，对一个人的人生来讲，过程大于结果。我不是要做得多成功，要成为李嘉诚，而是我现在生活的每一天，以后都能够不去后悔。"

他确实这么做的。而且他发现，越是相信过程大于结果，结果反而越好。比如说休学的时候，他以为也许拿不到毕业证了，等公司步入正轨，他抽空回校上课，去年顺利拿到了浙江工业大学的毕业证。

问他创业过程中什么时候最难？邓建波想到《徒手攀岩》的男主角，"有人问他往上攀登的过程中有没有遇到困难，他说我不是遇到困难，我是生于困难之中。我们一开始就是创业的菜鸟，大学生创业难度更大，需要一个痛苦的磨炼的过程。我们不懂怎样去融资、挖人、管理，甚至我一开始都不知道公司为什么需要财务部和人事部。什么都不懂，每一步都很困难，每天都处在困难之中。"

第二次创业失败后，他和合伙人在小区楼顶打了整整一下午电话，告诉一家一家谈过来的商家项目流产。

青团社刚成立不久，因为帮学生维权，黑中介上门把公司砸了，那段时间受到同行的多次威胁。

2014年有一段时间，公司差点撑不下去。那时租在楼下办公、楼上宿舍的农民房，有7个月没发工资，房租也拖欠着。员工们拿着借信用卡的钱支持公司，30多个人，没有一个人离开。收到用户的感谢短信，大家凑过来一起听，互相鼓励做的事情有意义。他们甚至玩起"100块钱生存挑战"的游戏，而且还真做到了。——100块过一个月，大多数时候在农民房煮面吃。

这成了邓建波特殊的体验。"一群人共患难不是挺好吗？确实困难，但过得很开心。"

创业的过程很磨人，但重要的，是心态。"我们心态比较好，从来没想到哪个困难是克服不了的。"

比如说，企业端的推广一开始也处处碰壁。以肯德基为例，他最先去总部谈，人家爱理不理。后来他转变策略，瞄准餐厅经理，在为几十家门店招收兼职员工后，再去找总部，这样就顺利谈成了合作。

他是桐庐人，初中时曾做过很"野"的事。跟同学去走独木桥，下面是很深的水沟。或者去挑战盖高楼的脚手架，顺着钢管爬到上面。有次他跟同学爬一幢二三十层的高楼，没有任何保护，爬着爬着同学哭了，因为往下面瞅了一眼。邓建波呢？"我没瞅嘛，我就没哭。"

邓建波分析说，好的心态是可以增加成功的概率的。"我们过独木桥，爬钢管，低头看，心里会特别慌，可能过桥的概率会越小。不去看下面是可以增加通过的概率的。压力大的时候没得选，必须保持理性。"

不管是过独木桥还是遇到创业的压力，邓建波本能的选择是：以最好的心态面对。

万物生长

后记

这26篇人物专访，主要采写于2017年9月至2019年9月间。文章的主角，是这个城市里创业创新热潮中最具活力的两个群体——优秀的创投人和创业者。他们都是心怀梦想、富有创新精神的造梦的人。

除了在时间、数据等方面做了些小修改，文章基本保留了原样，都是对受访者奋斗状态的真实记录，记录他们曾经的酸甜苦辣，记录他们曾经对未来的思考和见解。每一个曾经，都值得纪念和回味。

这个世界上，每一个伟大的公司背后，都有优秀投资人的影子。每一个伟大的公司，都是优秀创业者从无到有，从小到大，一步步艰难走出来的。

所以，我们关注了杭州的创投人和创业者这两个群体。他们在追求自己的梦想，推动着时代发展，也成就了杭州这座造梦之城、创新创业之城。

对26位造梦者的访谈，是个让我不断刷新认知的过程。每一次，他们对新物种的介绍和对未来的描述、判断，都让我脑洞大开并充满期待；每一次，我都会在我极力想弄懂的那些科技创新的细节中，陷入文科生的纠结和沉迷；每一次，我又会为那些新技术、新模式对生活的改变由衷赞叹。

杭高投董事长周恺秉，温文儒雅，有学者风范，他对硅谷的创投和创业发展有深入研究，对新事物观察敏锐，他为杭州创业者投入了巨大的心力，听他演讲或与他谈话总让人受益匪浅。

华睿投资董事长宗佩民，多年来注重对科技型企业的投资，他用一种相对的逆向思维，寻找到同行的独特者。他有浓烈的家国情怀，对行业现象的敢说敢言，令人敬重。

创业者也同样让我收获惊喜——信网真创始人王真震和袋鼠云创始人拖雷教我认识了大数据和云计算，半云科技创始人宋小波带我见识城市大脑，大拿科技CEO陈明权，他跟团队做出来的"形色"和"爱作业"，是包括我在内的家长每天都要用到的APP。

这些造梦者，把很多天马行空的想法变成了现实，他们是把想象力和执行力完美结合的一群人。

春节前后写这篇后记时，正值全国新冠肺炎疫情肆虐。面对严峻疫情，杭州很多应对措施都令人称赞，其中一个重要特点，是杭州借助大数据、物联网等高科技手段进行精准抗疫。

比如利用大数据、红外热成像检测技术寻找潜在患者，利用智慧社区平台实行监控与分析，企业有序复工后启用"健康码"，在这场没有硝烟的战争中，杭州科技型公司、互联网公司提供的创新手段，发挥了独特作用。

不管是平时还是特殊时期，创新已成为城市发展和现代化管理离不开的底色。

书中造梦者的故事，正是一个个关于创新的故事。勤奋、务实、爱做梦，崇尚科技，拥抱创新，正是他们的共同点。套用波兰女作家辛波斯卡的诗句：他们偏爱做梦的荒谬，胜过不做梦的荒谬。他们偏爱许多此处未提及的事物，胜过许多他们也没有说到的事物。

采访中，我也发现一个有趣的现象，一个人的故事里，经常可以寻见其他人的痕迹，这些造梦者的梦境时有交叉。一个个相对独立的故事，聚合在一起，构成了一幅万物生长的图景。

事实上，在杭州，创业圈、投资圈之间相互鼓励，抱团取暖，抱团发展的氛围，是令很多外地创业者和投资人羡慕的。

于我而言，这两年的采访经历是一笔宝贵财富，也是一次痛苦磨练。这些60后、70后、80后、90后独特的造梦经历，让我坚信梦想在任何时候都是有价值的，告诫自己要努力向上生长。痛苦的是，工作永远不完美，文章永远有缺憾。

此次人物专访能够结集成册，我要感谢杭州市创投协会轮值会长、杭高投董事长周恺秉，他为一些采访提供了线索和帮助，并邀请浙江省政协副主席周国辉为本书撰写了序言。

感谢杭州市创投协会秘书长、杭报传媒副董事长傅强从开始到现在的鼓励和支持。

感谢杭报传媒总经理邵双平，他审阅了每一篇报道，为文章提供了重要意见，他还多次共同采访，也为本书提供了书名。

感谢各位造梦者对每一次采访的认真，对每一个问题的耐心解释，他们让我接触了更多新奇的东西，让我眼中的世界更加五彩缤纷。他们值得在杭州创业创新史上留下一笔。

感谢摄影师王毅、丁以婕、法鑫、张之冰、郑体兵等人，感谢他们一次次陪我到偏远的创业园区采访，感谢他们为这些主角留下了特别棒的影像。

感谢杭报传媒设计师张琪，她的出色设计，为本书增加了亮点。

感谢浙江工商大学出版社沈明珠编辑及各位审读、校对老师，他们的细致、专业让这本书最终成形。

也感谢过去两年那些陪伴我写稿的深夜和凌晨，现在想来它们是如此可爱。

本书的主角们，他们的公司目前都在健康良性地向前发展，有些已跻身独角兽行业，更多的正在成为准独角兽。我要为他们的努力和成绩鼓掌，也对他们曾经的屡败屡战深表敬意。

我也祝福杭州所有的创业者，不管是正在努力向前奔跑的，还是暂时迷茫失意的，都能早日把梦想变成现实。

再次感谢所有受访者，感谢这个伟大的时代。又一个新十年已经到来，愿阳光普照，万物生长。

张向芳

2020年2月14日